AF451690

TABLEAUX SYNOPTIQUES

D'HISTOIRE MILITAIRE CONTEMPORAINE

De Louis XIV à nos jours

PARIS. — IMPRIMERIE R. CHAPELOT ET Cᵉ, 2, RUE CHRISTINE.

TABLEAUX SYNOPTIQUES

D'HISTOIRE MILITAIRE CONTEMPORAINE

De Louis XIV à nos jours

AVEC NOMBREUX PLANS ET CROQUIS

PAR

L. SAZERAC DE FORGE

LIEUTENANT AU 39ᵉ RÉGIMENT D'INFANTERIE

Avec une Lettre-Préface de M. JORAN, Professeur de l'Université

PARIS

LIBRAIRIE MILITAIRE R. CHAPELOT et Cᵉ

IMPRIMEURS-ÉDITEURS

SUCCESSEURS DE L. BAUDOIN

30, Rue et Passage Dauphine, 30

1901

Mon cher Lieutenant,

Vos tableaux synoptiques rendront de grands services aux jeunes gens qui se préparent aux Écoles militaires et à tous les examens dont le programme comporte l'étude des campagnes du XIXe siècle.

Par la diversité des caractères d'imprimerie vous avez fait usage d'un ingénieux procédé mnémotechnique. Les croquis qui accompagnent chaque chapitre par leur netteté et leur clarté seront d'un grand secours pour la compréhension et l'étude des campagnes. Comme vous le dites fort justement dans votre préface, la science historique vaut surtout par la méthode et la vôtre est excellente.

JULIEN JORAN,

Professeur d'histoire au Collège Stanislas,
chargé du cours de préparation à Saint-Cyr.

AVANT-PROPOS

Nul n'ignore que le succès, dans l'étude de l'Histoire, dépend en grande partie du choix d'une bonne méthode de travail. Le principal rôle du professeur est moins d'accumuler dans la tête de ses élèves les détails qu'ils doivent connaître, que de leur *apprendre à travailler* et d'attirer leur attention sur les points essentiels de chaque période, les grandes lignes de chaque campagne, qui leur paraissent la base, l'essence même du récit qu'ils ont à développer. Dès que cette base est bien comprise, bien connue de l'élève, il ne reste plus à accomplir pour celui-ci qu'un travail facile en groupant autour d'elle les détails qui s'y rattachent.

Toutes les personnes qui ont étudié l'Histoire savent donc que la meilleure méthode de travail consiste à *résumer* ce que l'on étudie.

On force ainsi l'esprit à la réflexion, on s'oblige à chercher à découvrir les traits caractéristiques, à dégager les faits importants des détails secondaires, à traduire en quelques mots l'essentiel d'un ensemble d'événements.

Enfin, le résumé une fois exécuté présente le double

avantage de permettre à l'élève, d'abord de repasser facilement et rapidement de temps en temps, dans le courant de l'année scolaire, ce qu'il a étudié quelques mois auparavant, ensuite, lorsqu'approche le jour de l'examen préparé, de se remémorer en quelques instants la totalité du programme, au moins dans ses grandes lignes.

Nous ajoutons que, si le candidat possède nettement ces grandes lignes, les détails utiles lui reviendront facilement sous la plume et sur les lèvres.

Le mieux serait évidemment que chacun se livrât soi-même à ce travail de résumé ; mais les débutants sont généralement embarrassés pour disséquer une campagne, dont la veille ils ne savaient que peu de choses et dont un récit détaillé est tout à coup mis sous leurs yeux. Ils perdent bien des heures à chercher à confectionner un résumé clair et précis ; le professeur se donne bien du mal pour montrer en quoi consiste cette opération. Quelques-uns même trouvent plus avantageux de préparer eux-mêmes ce résumé et de le dicter à leurs élèves.

Nous avons donc cru rendre service aux uns et aux autres en leur présentant un résumé d'histoire militaire contemporaine sous forme de tableaux, dans lesquels nous avons cherché avant tout à mettre de la clarté, de la netteté.

Nous nous sommes dégagé de tous les détails, de tout commentaire et n'avons recherché que l'idée maîtresse, le mouvement caractéristique de chaque campagne, écartant systématiquement tout ce qui n'a pas une importance proportionnée au cadre limité que nous nous sommes fixé. Nous avons divisé celles qui s'y prêtaient en un certain nombre de phases, séparant ainsi les périodes qui présentent un caractère différent.

Nous avons accordé à chaque campagne, une place proportionnée à l'importance que lui attribuent les programmes d'examen de Saint-Cyr, Saint-Maixent, etc., et surtout à celle que lui accordent en pratique les examinateurs. C'est ainsi que nous n'avons fait que rappeler très succinctement les campagnes de Louis XIV et du XVIII° siècle et avons au contraire étudié plus à fond les différentes parties de la guerre franco-allemande.

Nous ne nous inquiétons ni de la phrase ni du style, rappelant souvent d'un seul mot les événements principaux. Il appartient au professeur, que nous sommes loin de vouloir supplanter, mais que nous cherchons seulement à aider, de donner aux élèves tous les développements nécessaires, leur expliquer ce qui ici ne peut être qu'indiqué, et leur donner tous les détails qu'il peut leur être utile ou intéressant de connaître.

Pour ajouter à la concision de ce résumé, nous avons donné une part très grande aux *croquis*. Il nous a paru, en effet, qu'ils ont le gros avantage de permettre d'exprimer par un seul trait la marche d'une armée et le caractère d'une campagne, en les rendant beaucoup plus clairement que ne le ferait un long récit.

De plus ils fixent ce que l'on appelle la « mémoire des yeux », permettant au candidat de se remémorer de temps en temps toutes les péripéties de la campagne rien qu'en y jetant les yeux. Quelques années d'expérience nous ont prouvé que les mémoires rebelles éprouvent un grand soulagement dans cet emploi généralisé des croquis, qui traduisent, s'il est permis de s'exprimer ainsi, l'Histoire par le dessin.

Enfin, ils économisent aux élèves un temps précieux en leur évitant d'avoir à rechercher dans les cartes plus ou moins confuses pour eux, parce qu'elles sont trop complètes, les points peu nombreux dont ils ont besoin.

Lorsque le **professeur** le peut, lorsque le temps le lui permet, il y a tout avantage à **faire** exécuter par les élèves un résumé un peu plus complet **que** celui-ci. Par exemple, les candidats à Saint-Cyr pourront s'efforcer de faire pour les guerres de Louis XIV et de Louis XV, pour les périodes politiques, dont nous ne nous sommes pas occupé, un travail analogue à celui que nous donnons pour les campagnes du XIXe siècle. Dans ce cas, nos tableaux auront eu du moins l'avantage de mettre sous leurs yeux un exemple, de leur offrir une méthode que nous croyons pratique, et qui aura pu les guider quelque peu dans les débuts.

Nous ne voulons pas imposer notre méthode, notre manière de voir, aux professeurs et aux élèves qui auront bien voulu ouvrir cet ouvrage. Bien d'autres méthodes que la nôtre sont bonnes, peut-être meilleures. L'important est d'en avoir une, et celui qui

aura critiqué notre méthode, mais à qui cette critique
en aura suggéré une autre, aura tiré quelque fruit de
nos efforts, et nous croirons lui avoir rendu service.
Qu'on nous permette de rappeler à cette occasion le
grand principe de tactique militaire, applicable aussi
bien pour les études abstraites que dans presque
toutes les circonstances de la vie :

« Celui qui réussit dans une entreprise n'est pas
toujours celui qui emploie les meilleurs moyens, c'est
celui qui, ayant adopté avec conviction un plan, même
médiocre, s'y conforme avec une résolution ferme et
inébranlable. »

Nous n'avons certes pas la prétention de présenter
un cours d'Histoire ; ce serait une erreur de croire que
ce modeste ouvrage est suffisant pour la préparation
d'un examen quelconque. Notre but, beaucoup plus
humble, a seulement été de fournir un guide, qui puisse
être de quelque utilité pour le professeur et pour les
élèves. Nous serons heureux si nous apprenons que
nous avons pu faciliter un peu la tâche des uns et des
autres.

L. Sazerac de Forge.

ABRÉVIATIONS

Austerlitz. (Caractères droits.) Veut dire : Victoire d'Austerlitz. Le signe sur le croquis sera ✣. La dimension des caractères en marque l'importance relative.

Aboukir.... (Caractères penchés.) Veut dire : Défaite d'Aboukir. Le signe sur le croquis sera ✠.

—·—·—→ Indique la marche d'une armée française ou alliée.

——⊙ A——→ Indique qu'une armée a pris la ville de A.

Nota. — Nous conseillons vivement aux élèves de passer au crayon rouge les traits forts relatifs aux mouvements des armées françaises, ainsi que les signes des victoires sur les croquis, enfin de souligner de même dans le texte les noms des victoires. Le bleu leur servira pour les mouvements de nos adversaires et les indications de nos défaites.

Règne de Louis XIV.

(1643-1715)

Sous la régence d'*Anne d'Autriche*
et le gouvernement de *Mazarin :*

| Continuation de la Guerre de **Trente ans**. (1642-1648.) France \| contre \| Autriche. Suède \| \| Espagne. | *Condé* contre les Espagnols : **ROCROY**, Fribourg, Nordlingen, *Lerida*. Lens. *Turenne* contre l'Allemagne : **MARIEN-THAL**, Sommershausen. |

Tr. de *WESTPHALIE*, 1648, avec l'Autriche, nous donne l'Alsace moins Strasbourg, Metz, Toul et Verdun, assure à la France le premier rang parmi les nations et abaisse l'Autriche.

Après plusieurs années de dissensions intérieures (Fronde) la France continue la guerre contre l'Espagne.

| Guerre d'**Espagne**. (1652-1659.) | L'Espagne pendant la Fronde a envahi nos frontières. Défection de Condé. *Turenne* bat Condé à **Arras** et bat les Espagnols aux **DUNES**. |

Tr. des *PYRÉNÉES*, 1659.

Mort de Mazarin. — Louis XIV gouverne aidé d'un grand nombre d'hommes de génie, qu'il sait habilement choisir :

COLBERT (administration intérieure) ; développe le commerce et l'industrie, crée la marine française, fait fleurir les lettres et les arts, etc.

LOUVOIS (organisation de l'armée) : crée la première armée permanente, les Invalides, etc.

VAUBAN (fortification) : construction, attaque et défense de nombreuses places ; baïonnette à douille.

Guerre de **Dévolution**
(1667-1668)
contre l'Espagne
(en Belgique)
puis 1ʳᵉ coalition.

> Louis XIV a épousé la fille du roi d'Espagne, qui vient de mourir, et prétend à sa succession en Flandre et Franche-Comté.
> L'armée française conquiert la **Flandre** sans grande difficulté.
> Mais la coalition de { l'Angleterre, la Suède, la Hollande, } force Louis XIV à s'arrêter.

Tr. d'*AIX-LA-CHAPELLE* nous donne la Flandre.

Guerre de
Hollande
(1672-1678)
contre :
1° Hollande seule ;
2° Hollande,
Espagne,
Empereur d'Allemagne.

Holl. seule.
> Pour la punir de son intervention dans la guerre de Dévolution,
> Louis XIV envahit la **Hollande** avec une immense armée.
> Célèbre passage du Rhin.
> Mais les Hollandais percent leurs digues et inondent le pays.

2ᵉ coalit.
> Le Brandebourg, L'Espagne, L'Empire d'All., } s'unissent contre la France.
> *Condé* : **Senef.** — *Turenne* : Mémorable campagne d'Alsace (**Mulhouse, Colmar, Turkheim**).
> *Luxembourg* : **Cassel, Mons.** — *Duquesne* : Succès maritime en **Sicile**.

Tr. de *NIMÈGUE*, 1678, nous donne la Franche-Comté.

C'est l'apogée du règne de Louis XIV ; mais son orgueilleuse ambition va l'entrainer dans des guerres moins heureuses.

A l'intérieur il chasse tous les protestants par la *Révocation de l'Édit de Nantes.*

Bien que en temps de paix il se fait adjuger plusieurs territoires par les *Chambres de réunion* (Strasbourg, etc.), ce qui amène une nouvelle coalition.

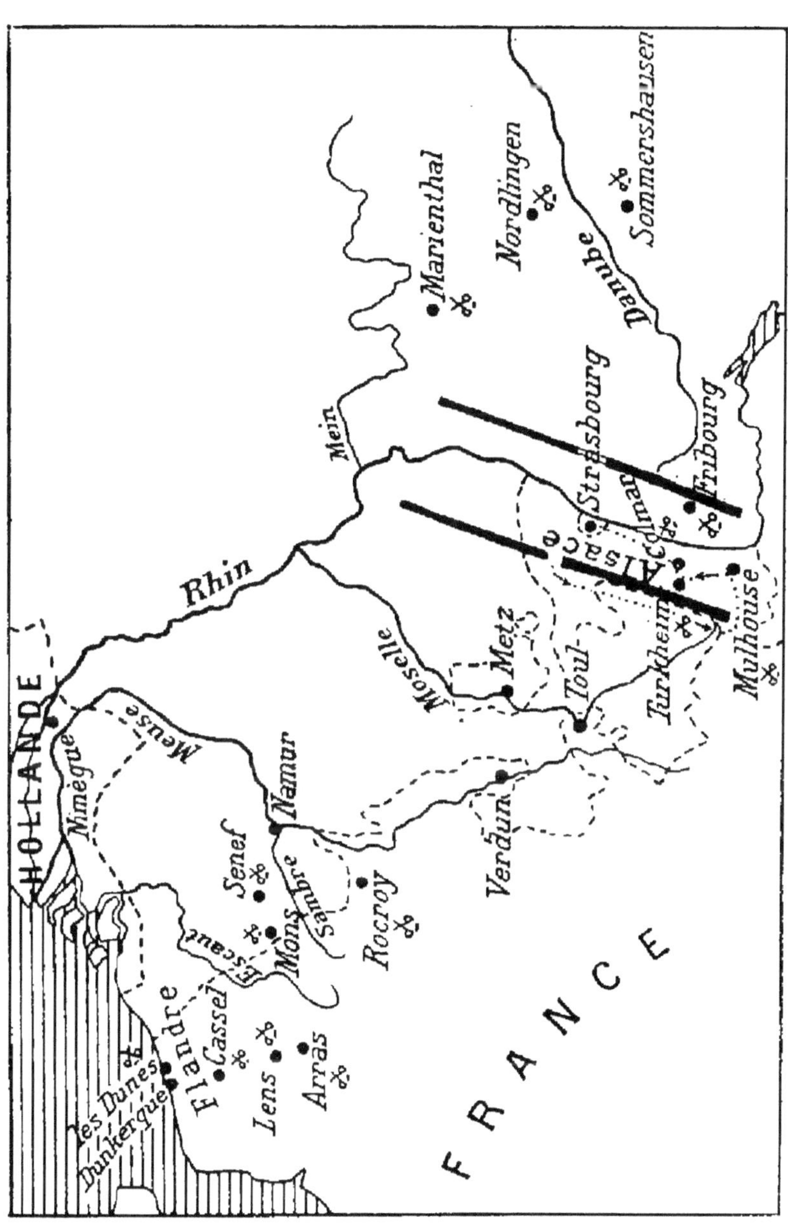
Sommershausen
Nordlingen
Marienthal
Danube
Strasbourg
Fribourg
Mein
Alsace
Colmar
Turkheim
Rhin
Metz
Mulhouse
Toul
Moselle
Meuse
Nimègue
Namur
HOLLANDE
Senef
Mons
Sambre
Escaut
Rocroy
Verdun
FRANCE
Flandre
Cassel
Lens
Arras
Les Dunes
Dunkerque

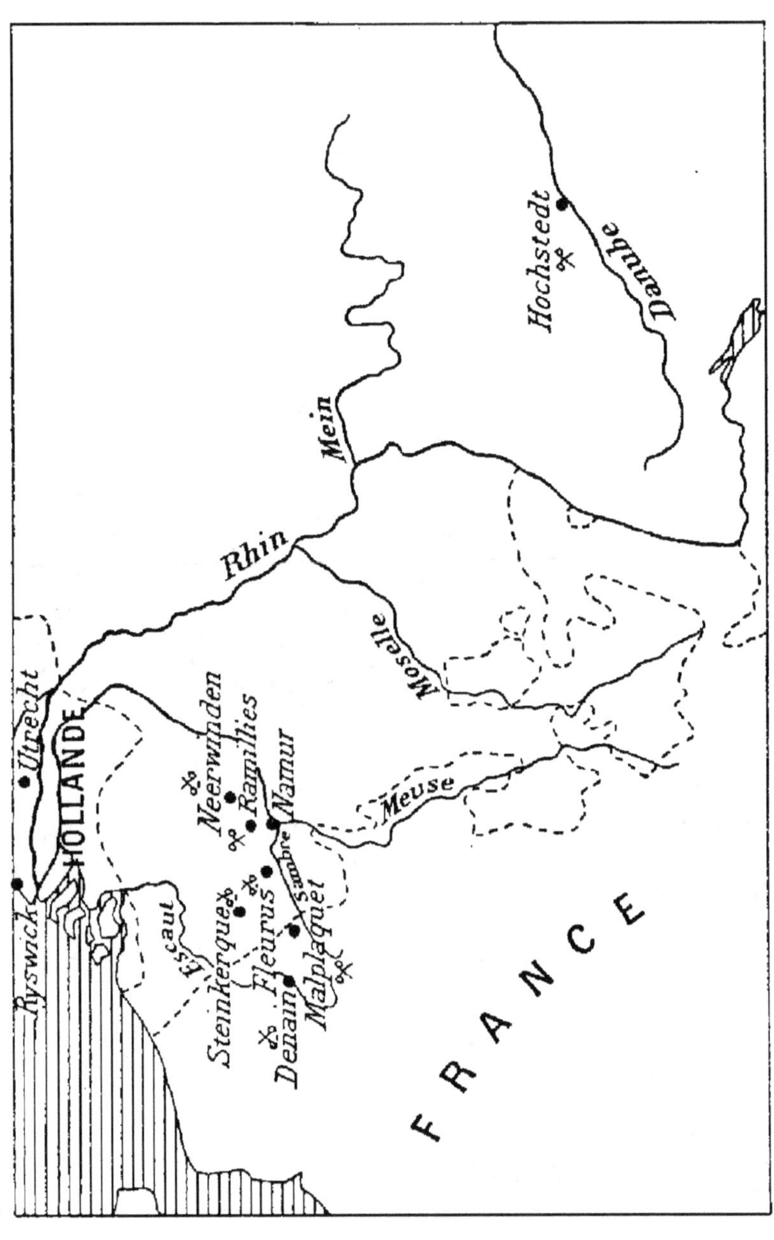
Hochstedt
Danube
Mein
Rhin
Moselle
Utrecht
HOLLANDE
Neerwinden
Ramillies
Namur
Meuse
Ryswick
Escaut
Sambre
Steinkerque
Fleurus
Denain
Malplaquet
F R A N C E

Guerre de la
**Ligue
d'Augsbourg**
(1686-1697)
contre :
L'Empereur et la
plupart des princes
allemands,
Espagne,
Hollande,
Angleterre.

Sur mer. Défaite maritime de *La Hougue*.

Pays-Bas. Luxembourg : **FLEURUS, STEIN-KERQUE**, Neerwinden.

Rhin. Dévastation du Palatinat.

Alpes. Catinat : **Staffarde, La Marsaille.**

Tr. de *RYSWICK*. Louis XIV malgré ses victoires restitue toutes
ses dernières conquêtes, sauf Strasbourg.

Guerre de **Succession
d'Espagne.**
(1701-1713.)

France
Bavière } contre

Empire.
Hollande.
Angleterre.
Suède.
Etc...

Le roi d'Espagne meurt en désignant comme
héritier le petit-fils de Louis XIV.

L'Empereur,
L'Angleterre,
La Hollande, } s'unissent par l'alliance de
La Haye pour protester.

Hochstedt, Ramillies. Les Pays-Bas et
l'Italie sont perdus.
Victoire navale de Duguay-Trouin.
Almanza. Louis XIV demande la paix ; on
la lui refuse.
Villars : *MALPLAQUET* par Marlborough ; —
DENAIN.
Vendôme : **Villaviciosa.**

Tr. d'*UTRECHT*. Louis XIV conserve ses conquêtes : Artois,
Flandre, *Alsace*, Franche-Comté, Cerdagne, Roussillon, mais
cède aux Anglais : Terre-Neuve, l'Acadie et la baie d'Hudson.

Le petit-fils de Louis XIV est reconnu roi d'Espagne.

Sous l'impulsion du *roi Soleil*
le siècle réunit un grand
nombre d'hommes de génie
dans toutes les branches,
en particulier :

Art militaire. Condé, Turenne, Vauban, Luxem-
bourg, Catinat, Villars, Du-
quesne, Duguay-Trouin.
Lettres ..... Corneille, Racine, Molière, La
Fontaine, Boileau, Bossuet,
Fénelon.
Sciences .... Descartes, Pascal, Papin.
Beaux-Arts.. Poussin, Lesueur, Lebrun, Per-
rault, Lulli.

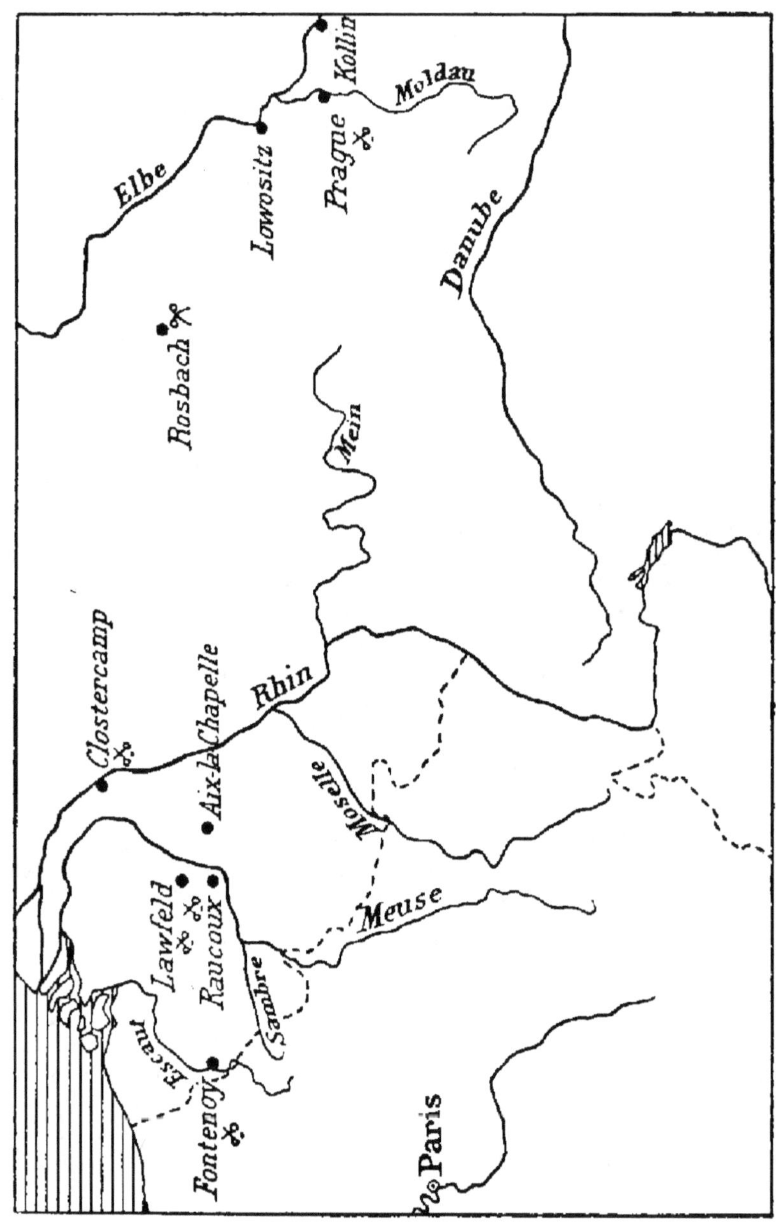
Kollin
Moldau
Elbe
Lowositz
Prague
Danube
Rosbach
Mein
Clostercamp
Aix-la-Chapelle
Rhin
Moselle
Meuse
Lawfeld
Raucoux
Sambre
Escaut
Fontenoy
Paris

Règne de Louis XV.

(1715-1774)

Régence du duc d'Orléans. Excès et mœurs. — Système financier de *Law* (banqueroute) Ministères du duc d'Orléans et de Fleury.

Guerre d'**Espagne.**
(1723.)

> L'Espagne a essayé d'organiser contre nous la conspiration de Cellamare. — On lui répond par une coalition qui envahit l'Espagne.

Guerre de **Succession de Pologne.**
(1735.)

> La France soutient un candidat au trône de Pologne, Stanislas Leczinski, contre le candidat de la Russie et de l'Autriche.
> La France soutient trop mollement Stanislas qui est battu en *Pologne.*
> En Italie : **Parme** et **Guastalla.**

Tr. de *VIENNE.* Stanislas chassé de Pologne reçoit en compensation le *duché de Lorraine* qui, à sa mort, *reviendra à la France.*

Guerre de **Succession d'Autriche.**
(1740-1748.)

> L'Empereur d'Autriche meurt en désignant sa fille Marie-Thérèse comme successeur.
> Cinq concurrents s'élèvent contre elle. La France soutient celui de Bavière.
> Prise de **Pragues** par Chevert. — Invasion de l'*Alsace* par les Autrichiens.
> *Maréchal de Saxe :* **FONTENOY, Raucoux, Lawfeld.** — En Italie : *Plaisance.*

Tr. d'*AIX-LA-CHAPELLE.* Louis XV ne réclame rien pour la France. Elévation de la *Prusse.*

Guerre de **Sept ans.**
(1756-1763.)
Autriche } contre { *Angleterre.*
France } { *Prusse.*

> Nos succès aux Indes mécontentent les Anglais qui attaquent nos navires sans déclaration de guerre.
> Au début **Clostercamp** sur les Anglais.
> Frédéric II, roi de Prusse, bat Richelieu à **ROSBACH.**
> Les Anglais nous écrasent à **LAGOS** (destruction de notre marine).
> Les Anglais prennent presque toutes nos colonies : *Canada, Indes, Antilles,* etc.

Tr. de *PARIS.* La France cède à l'Angleterre presque toutes nos colonies : le *Canada,* les *Indes,* les *Antilles.*

Le ministre Choiseul relève la marine, réorganise l'armée, achète la *Corse* aux Génois.

Règne de Louis XVI.

(1774-1792)

Roi plein de bonne volonté mais manque d'énergie. — S'entoure de ministres populaires : Turgot, Malesherbes, Necker.

Guerre d'**Amérique**.
1778-1882.

> L'Amérique du Nord (colonie anglaise) se soulève avec Washington contre l'Angleterre et obtient l'assistance de la France et de plusieurs nations.
> **OUESSANT** : succès divers aux **Antilles** et aux **Indes**.
> La Fayette aide Washington à battre définitivement l'Angleterre à **YORK-TOWN**.

Tr. de *VERSAILLES* proclame l'indépendance des États-Unis et rend à la France une partie de ses colonies perdues au traité de Paris : quelques *Antilles*, le *Sénégal*, plusieurs comptoirs aux *Indes*.

Louis XVI, désireux du bien du peuple, convoque les *États Généraux* ou *Assemblée constituante*.

Assemblée Constituante.

> Revision de la Constitution (Mirabeau). — Réunion des trois ordres (Clergé, Noblesse, Tiers Etat).
> Serment du Jeu de Paume. — Déclaration des « immortels principes de 1789 ».
> Prise de la Bastille (14 juillet). — Fuite du roi à Varennes.

Assemblée Législative.

> Louis XVI entame des négociations avec les princes étrangers, — et refuse de prêter les mains aux excès de l'Assemblée. — Il est suspendu de ses fonctions.

Convention.

> Abolition de la royauté. — Le roi et la reine (Marie-Antoinette d'Autriche) montent sur l'échafaud (21 janvier 1793).

La mort du roi marque à l'intérieur le début du régime de la *Terreur*, sous lequel s'achève la Révolution. — A l'extérieur elle amène la 1re coalition.

TABLEA

DES CAMPAGNES DE L

COALITIONS.	DATES.	NOM DE LA CAMPAGNE.
1re Coalition......	1791-95	Guerres de la **Révolution**....
	1796	1re Campagne d'**Italie**........
2e Coalition......	1799	Expédition d'**Égypte**.........
	1800	2e Campagne d'**Italie**.........
3e Coalition......	1805	**3e Coalition**.............
4e Coalition......	1806-7	**4e Coalition**.............
5e Coalition......	1806-13	Campagne d'**Espagne** et de **Po**tugal.................
	1809	**5e Coalition**............
6e Coalition......	1812	Campagne de **Russie**........
	1813	Campagne d'**Allemagne**......
	1814	Campagne de **France**........
	1815	Campagne des **Cent jours**....

D'ENSEMBLE

RÉVOLUTION ET DE L'EMPIRE.

ENNEMIS.	BATAILLES PRINCIPALES.	TRAITÉS QUI TERMINENT.
Prusse, Autriche. Piémont, etc.	**Valmy, Jemmapes,** *Neerwinden,* **Hondschoote, Wattignies, Fleurus.**	Tr. de *BALE*.
Angleterre, Autriche, Piémont.	**Castiglione, Arcole, Rivoli.**	Tr. de *CAMPO-FORMIO*.
Égyptiens, Turcs, Angleterre.	**Pyramides.**	
Angleterre, Russie, Autriche, Turquie.	**Marengo, Hohenlinden.**	Tr. de *LUNÉVILLE* Tr. d'*AMIENS*.
Angleterre, Russie, Autriche.	**Ulm, Austerlitz.**	Paix de *PRESBOURG*.
Angleterre, Russie, Prusse.	**Iéna, Auerstedt, Eylau, Friedland.**	Tr. de *TILSITT*.
Espagne, Portugal. Angleterre.	*Torrès Vedras, Baylen, Cintra.*	
Angleterre, Autriche, Espagne.	**Eckmühl, Essling, Wagram.**	Tr. de *VIENNE*.
Angleterre, Russie, Espagne.	**La Moskowa. La Bérésina.**	
Angleterre, Russie. Espagne, etc.	**Lützen,** Bautzen, *Leipzig.*	
Toute l'Europe.	**Brienne,** *La Rothière,* **Champaubert, Montmirail,** *Paris.*	1er Tr. de *PARIS*.
Angleterre, Prusse, etc.	**Ligny, WATERLOO.**	2e Tr. de *PARIS*.

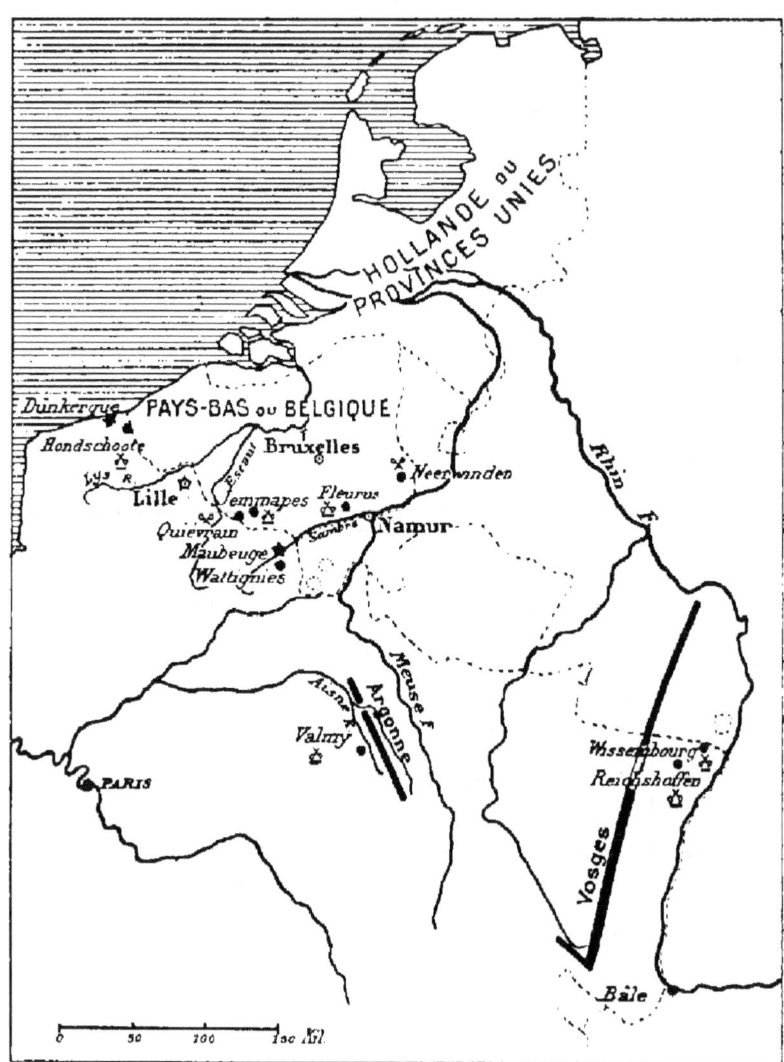

HOLLANDE ou PROVINCES UNIES
Dunkerque
PAYS-BAS ou BELGIQUE
Hondschoote
Lys R.
Escaut
Bruxelles
Neerwinden
Rhin F.
Lille
Jemmapes
Fleurus
Quievrain
Sambre
Namur
Maubeuge
Wattignies
Aisne R.
Meuse F.
Argonne
Valmy
Wissembourg
Reichshoffen
PARIS
Vosges
Bâle
0   50   100   150 Kil.

Campagnes de la Révolution.
(1791-1795)

L'Autriche ayant voulu se mêler de nos affaires intérieures la France lui déclare la guerre (avril 1792).

Désorganisation de l'armée (émigration).

Forces au début ... { 30,000 hommes de l'active, 80,000 volontaires, Garde nationale (18 à 50 ans).

En juillet le gouvernement déclare la *patrie en danger*. 600,000 volontaires s'inscrivent. — En août création du *service obligatoire*.

1re Partie
(1792)
sous la *Législative*
contre
Autriche, Prusse et *Piémont.*
} Débandade de nos troupes à *Quiévrain*. Général Dillon égorgé.
VALMY (Dumouriez).
Jemmapes (Dumouriez).

En janvier 1793, la *mort de Louis XVI* amène contre la France la 1re coalition (Autriche, Prusse, Piémont, Angleterre, Espagne, Hollande).

La France se soulève en un essor généreux et va repousser à elle seule tous ces ennemis. — *Carnot* organise la victoire.

2e Partie
(1793-1795)
sous
la *Convention*
contre
toute la 1re coalition.

Pays-Bas. {
Neerwinden (Dumouriez). Défection de Dumouriez.
Houchard { reprend les villes perdues après Neerwinden. **Hondschoote.**
Jourdan.. { **Wattignies.** **FLEURUS.** La Belgique est évacuée par les Alliés.

Hollande. { Pichegru arrive jusqu'à Amsterdam ; prend dans les glaces la flotte hollandaise.

Rhin.... { L'Alsace est d'abord envahie par les Alliés. Hoche la sauve par de nombreux succès. **Reischoffen, Wissembourg,** etc.

Alpes ... (Défensive). Prise du camp de Saorgio.
Pyrénées. (Défensive).
Mer .... *Défaite héroïque de Villaret-Joyeuse.*

Traité de *BALE*
avec la *Hollande*, la *Prusse*
et l'*Espagne.*
{ Nous donne la *rive gauche du Rhin*. La coalition devient partielle et ne comprend plus que { Autriche, Piémont, Angleterre.

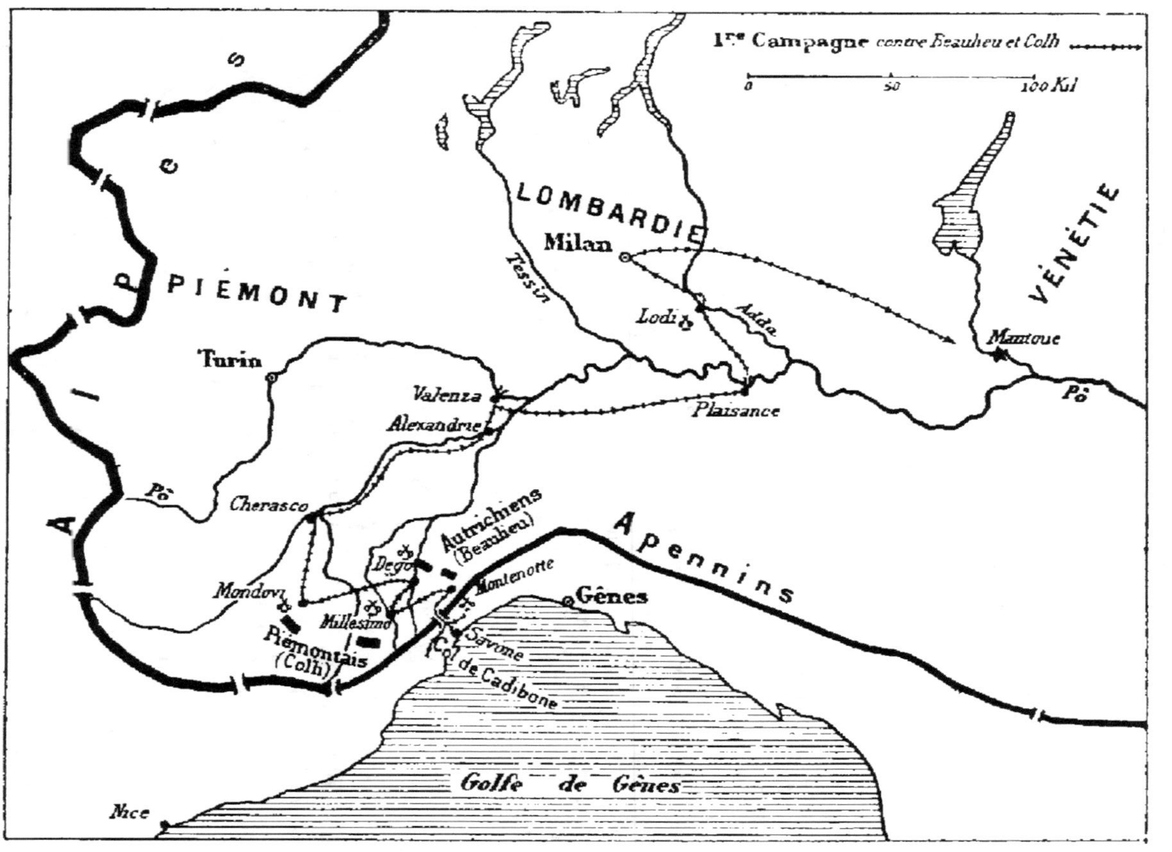

1ʳᵉ Campagne contre Beaulieu et Colli
0   50   100 Kil
PIÉMONT
LOMBARDIE
VÉNÉTIE
Milan
Tessin
Lodi
Adda
Mantoue
Pô
Valenza
Alexandrie
Plaisance
Turin
Cherasco
Pô
Autrichiens (Beaulieu)
Dego
Montenotte
Apennins
Gênes
Mondovi
Millesimo
Piémontais (Colli)
Savone
Col de Cadibone
Golfe de Gênes
Nice

1re Campagne d'Italie.

(1796)

France contre { Angleterre,
Autriche,
Piémont.

Carnot lance 3 armées.. { Sambre-et-Meuse avec Jourdan. } Objectif
Rhin–et–Moselle avec Moreau. } commun :
Italie avec Bonaparte. } Vienne.

I. — Allemagne.

Jourdan battu rentre en France, ce qui force *Moreau*, quoique vainqueur, à reculer aussi tout en faisant une retraite célèbre.

II. — Italie.

Bonaparte, très jeune, et pour la première fois général en chef, a entre les mains une armée courageuse, mais mal vêtue, pas payée, habituée au pillage et à l'indiscipline. — Proclamation pleine de promesses.

Avec 40,000 hommes il va battre *successivement* 4 armées autrichiennes de 60,000 hommes chacune.

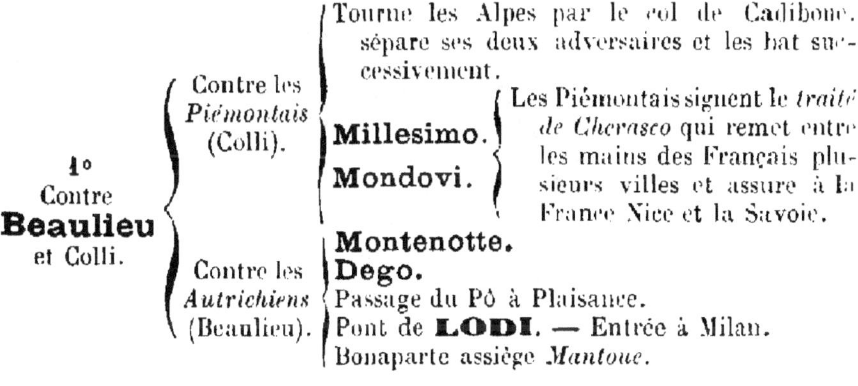

1°
Contre
Beaulieu
et Colli.

Contre les *Piémontais* (Colli).

Tourne les Alpes par le col de Cadibone, sépare ses deux adversaires et les bat successivement.

Millesimo.
Mondovi.

Les Piémontais signent le *traité de Cherasco* qui remet entre les mains des Français plusieurs villes et assure à la France Nice et la Savoie.

Contre les *Autrichiens* (Beaulieu).

Montenotte.
Dego.
Passage du Pô à Plaisance.
Pont de **LODI**. — Entrée à Milan.
Bonaparte assiège *Mantoue*.

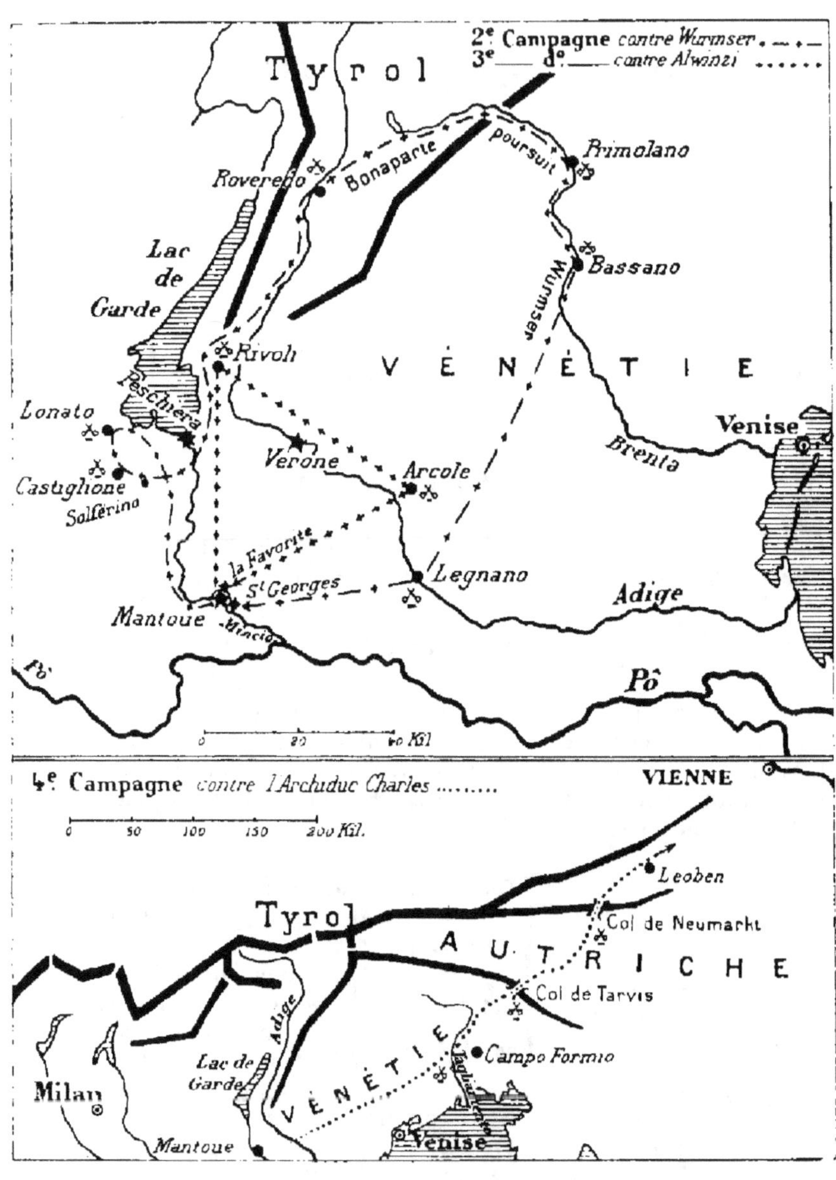
2e Campagne contre Wurmser.
3e do contre Alvinzi
Tyrol
Roveredo
Bonaparte
poursuit
Primolano
Bassano
Wurmser
Lac de Garde
Rivoli
VÉNÉTIE
Peschiera
Venise
Brenta
Lonato
Verone
Arcole
Castiglione
Solférino
la Favorite
St Georges
Legnano
Adige
Mantoue
Mincio
Pô
Pô
0 20 40 Kil
4e Campagne contre l'Archiduc Charles
VIENNE
0 50 100 150 200 Kil.
Leoben
Tyrol
Col de Neumarkt
AUTRICHE
Col de Tarvis
Adige
Campo Formio
Milan
Lac de Garde
VÉNÉTIE
Mantoue
Venise

2°
Contre
Wurmser.

> **Lonato.**
> **CASTIGLIONE.**
> Wurmser se renforce dans le Tyrol.
> Bonaparte décrit un grand cercle à la poursuite de Wurmser, tout en le battant à **Roveredo, Primolano, Bassano, St-Georges** où Wurmser est enfermé dans Mantoue.

3°
Contre
Alwinzi.

> Combat de *Caldiéro*.
> **ARCOLE** (dans les marais. — 3 jours, — très acharné).
> **RIVOLI.**
> **La Favorite**. — *Capitulation* de Wurmser dans Mantoue.
> Le pape conclut le traité de *Tolentino*, qui nous donne le Comtat Venaissin.

4°
Contre
l'**Archiduc
Charles.**

> Bonaparte et ses lieutenants battent les Autrichiens au **Tagliamento**, col de **Tarvis**, au col de **Neumarkt.**
> Il marche rapidement sur Vienne.
> Les Autrichiens signent l'*armistice de Léoben* qui aboutit au

Traité de
CAMPO-FORMIO
(1797)
conclu par Bonaparte seul
mais approuvé
par le gouvernement.

> L'Autriche perd *rive gauche du Rhin*, *Belgique*, *îles Ioniennes*, données à la France. *Milanais*, qui devient la République cisalpine sous le *protectorat* de la France.
> reçoit seulement en échange la Vénétie.
> La République française est enfin reconnue.

Après ce traité l'*Angleterre seule* reste en guerre avec la France, qui s'occupe, dès maintenant, de préparer une descente en Angleterre.

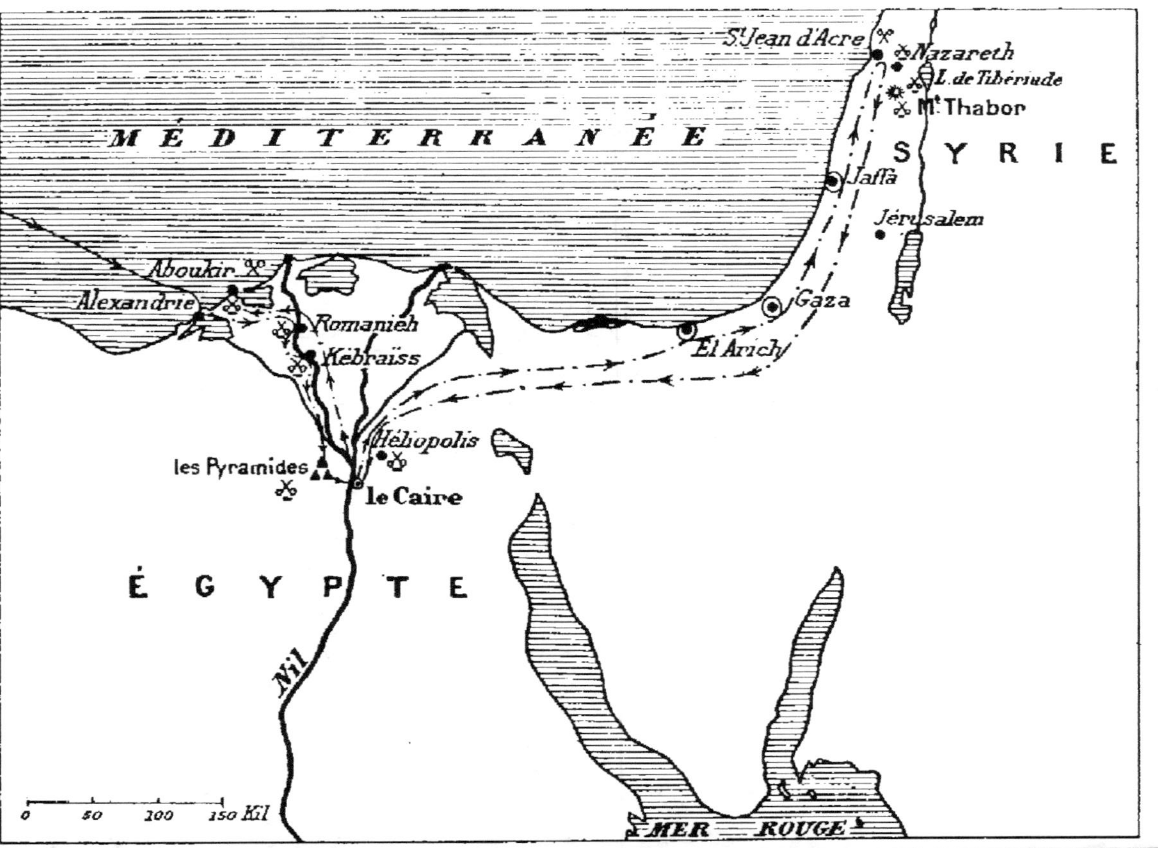
MÉDITERRANÉE
SYRIE
St Jean d'Acre
Nazareth
L. de Tibériade
Mt Thabor
Jaffa
Jérusalem
Gaza
El Arich
Aboukir
Alexandrie
Romanieh
Kebraiss
Héliopolis
les Pyramides
le Caire
ÉGYPTE
Nil
0 50 100 150 Kil
MER ROUGE

Égypte.

(1798-99)

Motifs de l'expédition.	Le Directoire est bien aise d'éloigner Bonaparte que sa célébrité rend dangereux. Avantage de constituer en Egypte un point d'appui pour attaquer les Anglais dans l'Inde. Adversaires : Angleterre et Turquie.
1° 1re partie de l'expédition d'Egypte.	Bonaparte quitte Toulon (mai 1798) : 30.000 hommes + 10.000 marins + beaucoup de savants. Prise de **Malte** « l'inexpugnable ». Il débarque a Alexandrie après avoir échappé à la poursuite des Anglais. **Romanieh, Kébraïss.** Les **PYRAMIDES** sur Mourad-Bey, ouvre le *Caire*. Fondation de l'Institut d'Egypte. Défaite de notre flotte à *ABOUKIR*. Désormais il nous est impossible de recevoir des renforts et Bonaparte est enfermé dans sa conquête. Avec Kléber et Desaix, Bonaparte achève la conquête de l'Egypte. Et réprime sévèrement la révolte du Caire.
2° Expédition de Syrie.	Une armée *turque* s'étant formée à Damas il veut : 1° la détruire ; 2° joindre la Syrie à ses conquêtes. Il prend **El Arich, Gaza, Jaffa**. Mais l'armée est décimée par la *peste*. Bonaparte échoue au siège de *Saint-Jean-d'Acre*. Victoires de ses lieutenants au lac de **Tibériade**, à **Nazareth**, au **Mont Thabor**.
3° 2e partie de l'expédition d'Egypte.	Il réprime les soulèvements de l'Egypte. Bat à **ABOUKIR** une deuxième armée turque. Apprenant les revers du Directoire en Europe, lui-même rentre en France, échappant comme par miracle aux Anglais.

4°
L'Égypte
après le départ
de
Bonaparte.

1°
Kléber.

Toute l'armée découragée, se considère comme abandonnée par le départ de Bonaparte.

Sommé de capituler, Kléber répond par **HELIOPOLIS**, et reprend le Caire.

Mais il est assassiné par un fanatique.

2°
Menou
(musulman).

Se fait battre à *Canope*.

Tout ce qui reste de troupes capitule au *Caire* et à *Alexandrie*.

L'Egypte est perdue. Aucun résultat. *Malte* même capitule.

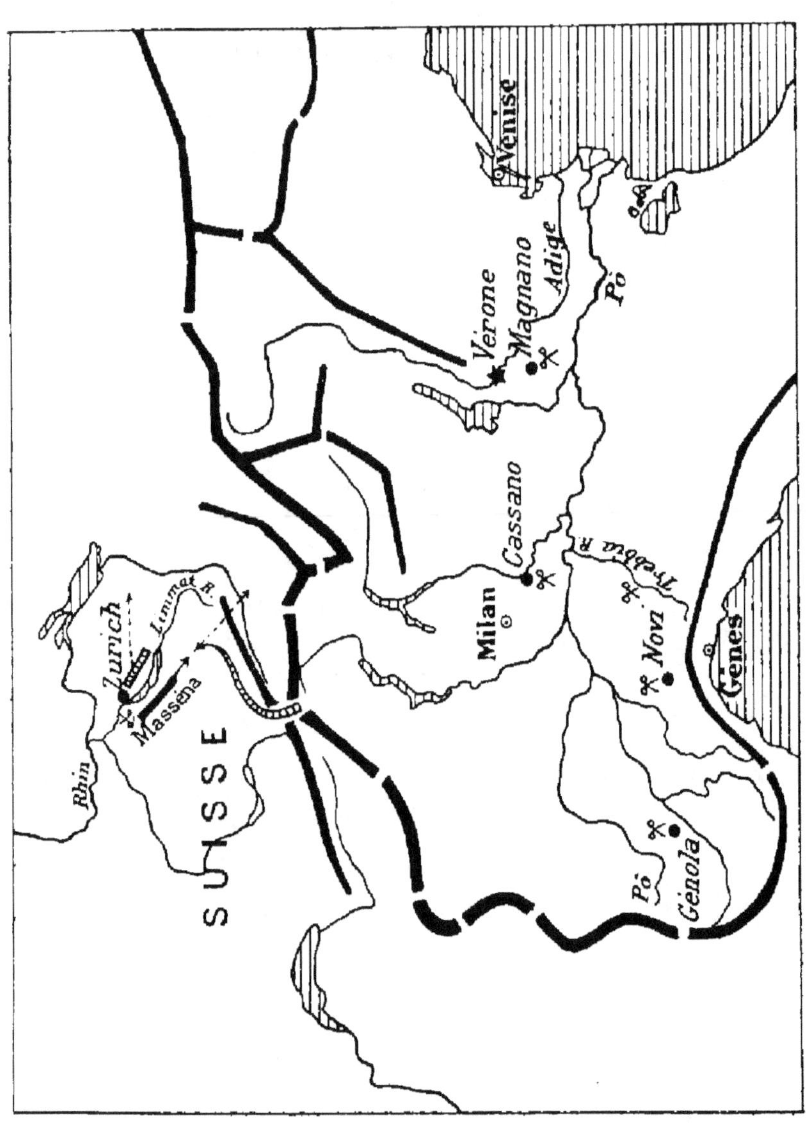
Venise
Verone
Magnano
Adige
Pô
Cassano
Milan
Trebbia R.
Novi
Genes
Pô
Genola
SUISSE
Rhin
Zurich
Limmat R.
Massena

2e Campagne d'Italie.

(1800)

Après notre défaite navale d'*ABOUKIR*, la Russie, l'Angleterre, l'Autriche, la Turquie s'unissent contre la France.

Les plénipotentiaires français sont massacrés à Rastadt.

Iº

1799. — Pendant l'expédition d'Égypte.

Italie.	Suisse.	Hollande.
Championnet envahit le royaume de **Naples**.	*Masséna* écrase les Russes à la bataille de **ZURICH**.	*Brune* bat les Anglo-Russes à **Bergen** et à Castricum.
Défaites de { *Magnano.* *Cassano.* *La Trebbie.* *Novi.* *Génola.*	Les Russes se retirent de la coalition.	Convention d'*ALK-MAER*.
Naples est reperdu.		
Toute l'Italie est reperdue.		

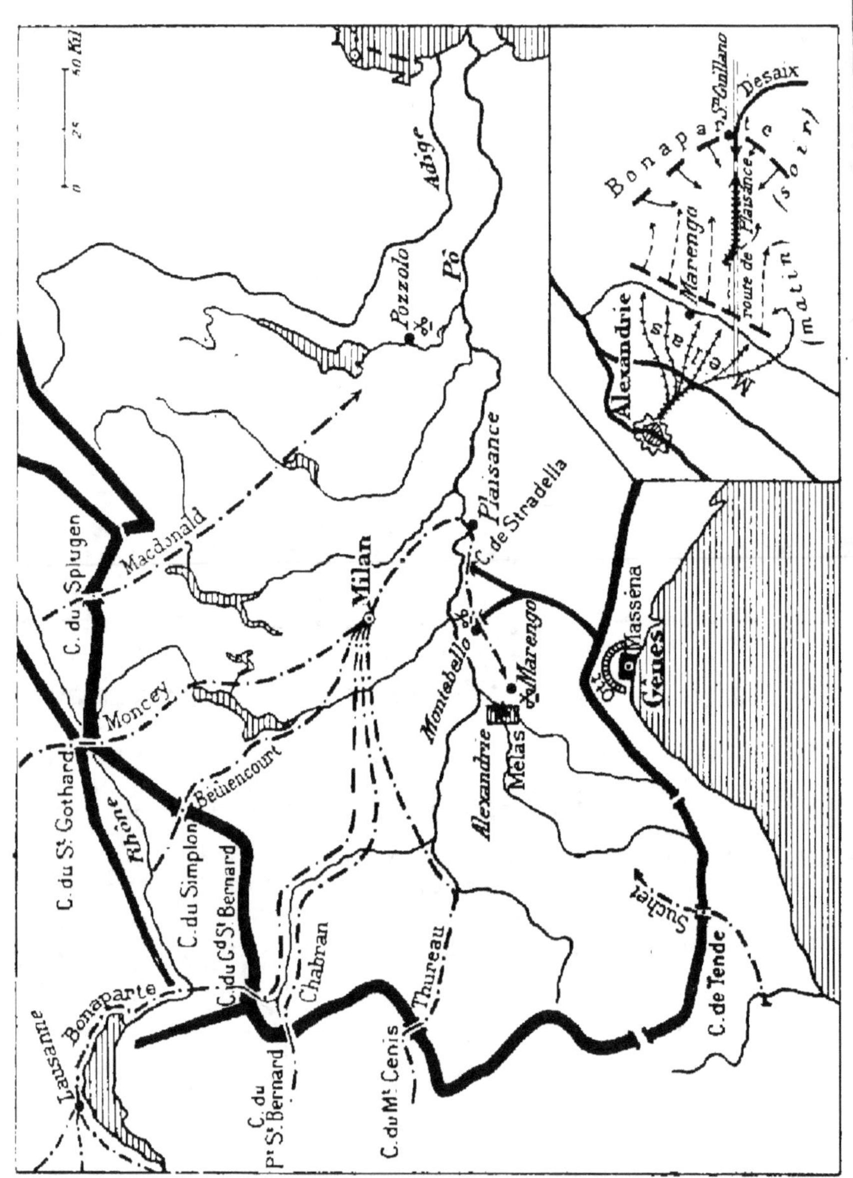
Pozzolo
Adige
Pô
Macdonald
Milan
Plaisance
C. de Stradella
C. du Splugen
Moncey
Montebello
Marengo
Alexandrie
Melas
Gênes
Masséna
Béduencourt
C. du St Gothard
Rhône
C. du Simplon
C. du Gd St Bernard
Chabran
Thureau
Suchet
C. de Tende
Lausanne
Bonaparte
C. du Pt St Bernard
C. du Mt Cenis
50 Kil.
25
0
Bonaparte
Desaix
S. Guiliano
Marengo
route de Plaisance
(matin)
(soir)
Alexandrie
Bormida

II°

1800. — Après le retour de Bonaparte.

Bonaparte, devenu Premier Consul, envoie d'abord aux coalisés des propositions de paix qui sont repoussées.

Italie.	Allemagne.
Contre *Mélas*.	Contre *Kray*.

MASSÉNA supporte dans *Gênes* un siège héroïque, attirant toutes les troupes autrichiennes.

Son lieutenant *Suchet*, repoussé sur le Var, reprend bientôt l'offensive.

BONAPARTE, après avoir employé mille stratagèmes (revue de Dijon, pamphlets, etc.) pour rassurer Mélas et détourner son attention, qui s'est portée uniquement sur Masséna, entre en Italie par tous les cols sans que Mélas s'en doute, et passe lui-même avec la masse principale (40,000 hommes) au *Saint-Bernard*.

Il tourne le fort de Bard, prend Ivrée, *se concentre à Milan*, et coupe toutes les communications de Mélas, dont il bat l'avant-garde à **Montebello**.

Celui-ci se jette désespérément sur Bonaparte à **MARENGO**. Bonaparte recule d'abord, mais à l'arrivée de *Desaix* remporte une éclatante victoire.

Puis il rentre à Paris après l'*armistice* *d'ALEXANDRIE*.

MOREAU dans une brillante campagne, avec le gros des forces françaises (100,000 hommes), empêche Kray d'aller aider Mélas en Italie, le poursuit et le bat à

Engen,
Stockach,
Biberach,
Memmingen, etc.

Et signe l'*armistice de* *PARSDORF*.

Les Autrichiens, qui n'ont voulu par ces armistices que gagner du temps, reprennent les hostilités.

II°

1800 (*suite*). -- **Reprise des hostilités**.

Italie.	Allemagne.
Contre *Mélas*.	Contre *Kray*.

Magnifique passage des Alpes par *Macdonald*. *Brune*, successeur de Bonaparte, remporte la victoire de **Pozzolo**.	Moreau avec l'aide de Richepanse remporte la grande victoire de **HOHENLINDEN**.

PAIX DE LUNÉVILLE. (Confirmation du traité de Campo-Formio.)

L'Angleterre continue la lutte, mais, un an après, nos succès maritimes d'**Algésiras,** du **Camp de Boulogne,** lui font signer le

TRAITÉ D'AMIENS.
L'Angleterre

{ Abandonne presque toutes ses conquêtes.
{ Rend Malte aux chevaliers.
{ Evacue l'Egypte.

De 1800 à 1805. — **Paix**.

Bonaparte achève l'œuvre de la Révolution par l'organisation de tous les services.

{ Pacification de la Vendée.
{ Rappel des émigrés.
{ Concordat.
{ Banque de France.
{ Légion d'honneur.
{ Code civil.

En 1802, il est nommé Consul à vie.

Intervention en Suisse et en Hollande. En 1803, Présid^t de la République cisalpine.	*L'Angleterre* furieuse refuse de rendre Malte. *Rupture de la paix d'AMIENS.*	Invasion du **Hanovre** (aux Anglais) par les Français (Mortier).

2 décembre 1804, Bonaparte est sacré Empereur des Français (Napoléon 1er).

En 1804, également, il devient roi d'Italie. Le prince Eugène vice-roi d'Italie.

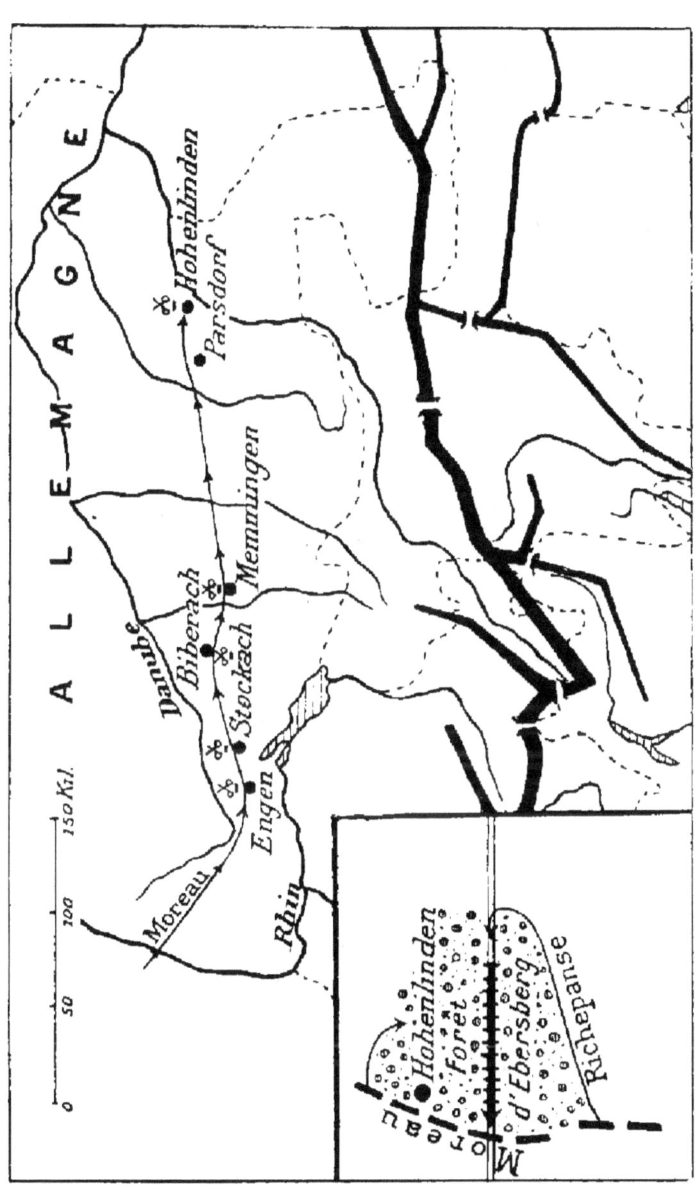
ALLEMAGNE
Hohenlinden
Parsdorf
Memmingen
Biberach
Danube
Stockach
Engen
Moreau
Rhin
150 Kil.
100
50
0
Hohenlinden
forêt
d'Ebersberg
Richepanse
Moreau
M

Campagne de 1805.

1805. — 3ᵉ Coalition.

Cause : Politique envahissante de la France.

$$\left. \begin{array}{l} \textit{France} \\ \textit{Barière} \end{array} \right\} \text{contre} \left\{ \begin{array}{l} \textit{Angleterre.} \\ \textit{Autriche.} \\ \textit{Russie.} \\ \text{Royaume des } \textit{Deux-Siciles} \text{ (Naples).} \end{array} \right.$$

La *Grande Armée*, formée au camp de Boulogne et organisée en 7 corps, mal secondée par la flotte, ne peut exécuter sa *descente en Angleterre*. Napoléon se retourne vers le continent et la concentre sur le *Rhin* et le *Mayn* avec une rapidité merveilleuse et un secret absolu.

Son plan est : 1° de tourner Mack à Ulm ; 2° marcher sur Vienne et la Moravie, protégé sur son flanc droit par Masséna et Ney qui retiendront en Italie les meilleures armées autrichiennes.

I°
Campagne d'Ulm.

> Concentration à l'*est d'Ulm* (derrière Mack).
> Combat audacieux de Dupont à **Albeck.**
> Série de victoires autour d'Ulm.
> Changements de front successifs de Mack complètement désorienté.
> Capitulation d'**ULM**, 23,000 hommes. Oct. 1805.
> Mais on apprend la grande défaite navale de *TRAFALGAR.* (Villeneuve (Fr.), Nelson (Angl.)

II°
Austerlitz.

> Marche sur Vienne à la poursuite des troupes autrichiennes et russes battant en retraite.
> Combat héroïque de Mortier à **Diernstein.**
> Murat prend les ponts de Vienne par une ruse, mais il est joué lui-même à Hollabrünn.
> Le 2 décembre 1805, Napoléon attire les Austro-Russes sur ses positions à **AUSTERLITZ ;** le plateau de Pratzen, clef de la position, est pris et repris plusieurs fois ; il leur donne la tentation de le tourner par le sud, et les coupe en deux. La glace des lacs Ménitz est rompue et engloutit 2,000 de nos adversaires.

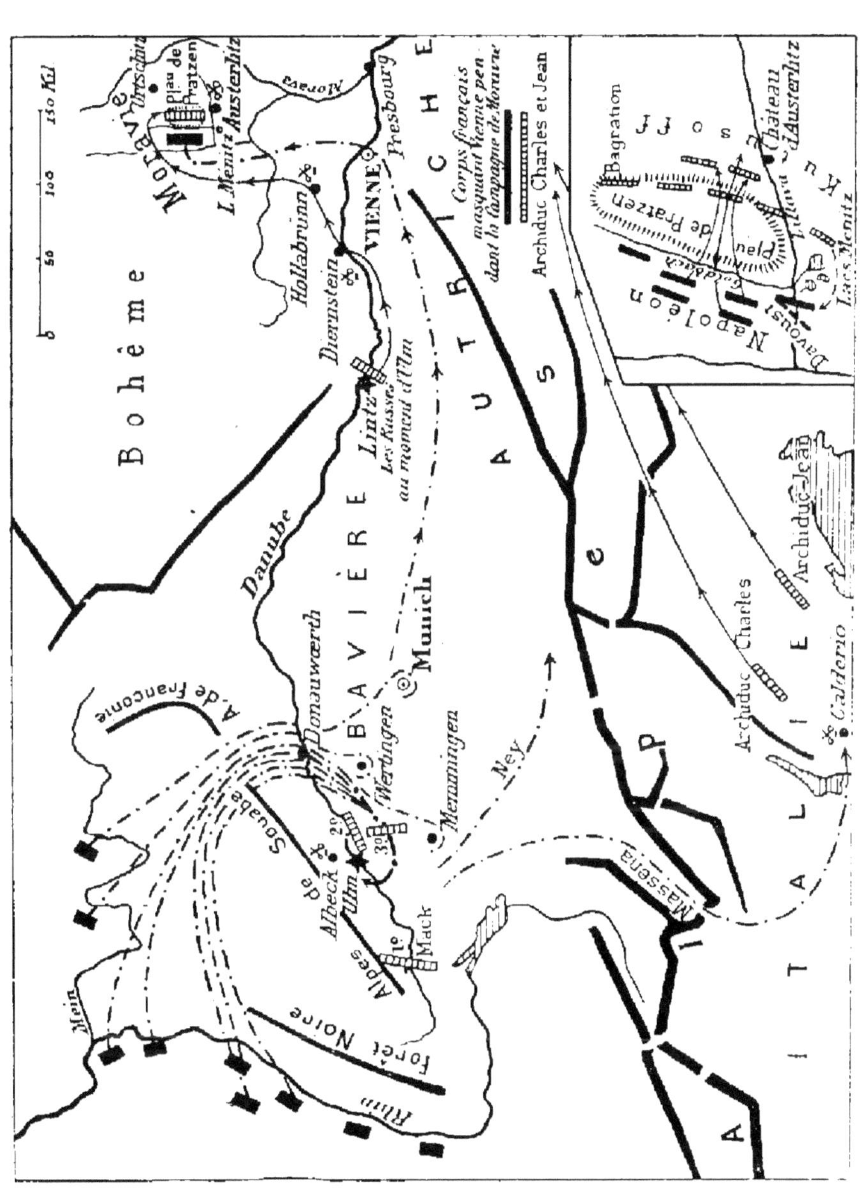
Bohême
Moravie
Wrschitz
Plan de Pratzen
L Menitz Austerlitz
Moraw
Morava
Presbourg
VIENNE
Hollabrunn
Dirnstein
Danube
Lintz
Les Russes au moment d'Ulm
AUTRICHE
Corps français masquant Vienne pen dant la campagne de Moravie
Archiduc Charles et Jean
A. de Franconie
Donauwœrth
BAVIÈRE
Munich
Wertingen
Memmingen
Ney
Souabe
Albeck
Ulm
Mack
Alpes
Forêt Noire
Mein
Rhin
Massena
Alpes
ITALIE
Archiduc Charles
Archiduc Jean
Calderio
1re
2me
3me
Bagration
Chateau d'Austerlitz
Plan de Pratzen
Lacs Menitz
Kutusoff
Goldbach
Davoust
Napoléon
0 50 100 150 Kil

Traité de Presbourg.

L'armistice est signé entre les trois empereurs à Urschitz et suivi de la paix de Presbourg.

1° L'Autriche
- paye 40 millions.
- donne la *Vénétie* et la *Dalmatie* au royaume d'Italie (France).
- donne des provinces au Wurtemberg, à la Bavière et au grand-duché de Bade.

2° La Bavière et le Wurtemberg sont *érigés en royaumes*, et l'électorat de Bade en grand-duché.

3° Napoléon nomme
- Joseph Bonaparte, roi de Naples (démembrement du royaume des Deux-Siciles).
- Louis Bonaparte, roi de Hollande.
- Pauline Bonaparte, duchesse de Guastalla.
- Murat (son beau-frère), grand-duc de Berg.

4° Formation de la *Confédération du Rhin*, c'est-à-dire *suppression de l'empire d'Allemagne*.

5° Par la suppression de l'empire d'Allemagne l'empereur d'Allemagne devient *empereur d'Autriche*.

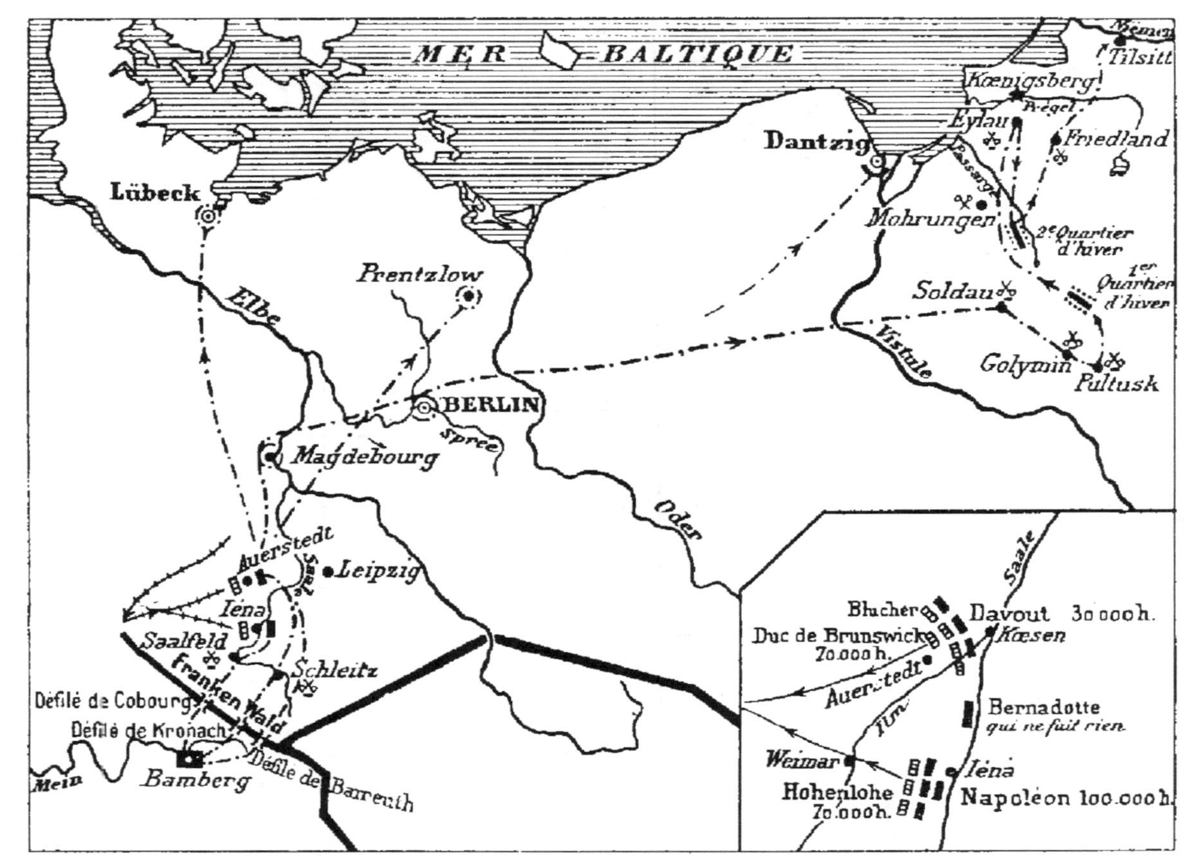
MER BALTIQUE
Memu
Tilsitt
Kœnigsberg
Wehlau
Eylau
Friedland
Dantzig
Passarge
Mohrungen
2e Quartier d'hiver
1er Quartier d'hiver
Soldau
Vistule
Golymin
Pultusk
Lübeck
Prentzlow
Elbe
BERLIN
Spree
Magdebourg
Oder
Auerstedt
Leipzig
Saale
Iena
Saalfeld
Schleitz
Franken Wald
Defilé de Cobourg
Defilé de Kronach
Mein
Bamberg
Defilé de Bareuth
Blücher
Davout 30.000 h.
Duc de Brunswick
70.000 h.
Kœsen
Auerstedt
Ilm
Bernadotte
qui ne fait rien
Weimar
Iena
Hohenlohe
70.000 h.
Napoléon 100.000 h.

Campagnes de 1806-1807.

La Prusse, excitée par la reine Louise et se croyant toujours aussi forte que du temps de Frédéric II, furieuse de ce que Napoléon a parlé de rendre le Hanovre à l'Angleterre, prend pour prétexte le passage de nos troupes sur le territoire d'Anspah et nous déclare la guerre, bientôt soutenue par la Russie.

Campagne d'Iéna
contre
les *Prussiens*.
(1806.)

Napoléon est concentré sur le haut Mein. Les Prussiens veulent nous couper du Rhin.

Napoléon en profite pour traverser rapidement le Franken-wald. **Schleitz, Saalfeld,**

Tourne ainsi les Prussiens et les écrase à **IENA** (14 oct. 1806), pendant que Davoust les arrête à **AUERSTEDT** (1).

Les lieutenants de Napoléon poursuivant les Prussiens jusqu'au fond de l'Allemagne les font capituler à **Lubeck** et **Prentzlow.**

Pendant que Napoléon prend **Magdebourg** et *entre à Berlin.*

Pour ruiner l'Angleterre Napoléon décrète de Berlin le *blocus continental* (2) qui interdit le commerce avec l'Angleterre.

Campagne
d'**Hiver** contre
les *Russes*.
(1806 - 1807.)

Napoléon marche sur les Russes. Ovation faite à Posen, aux Français, par les Polonais.

Napoléon cherche à séparer les Russes d'une armée prussienne et bat les Russes à **Soldau, Golymin, Pultusk.**

Il établit ses quartiers d'hiver dans cette région pendant que Ney assiège Dantzig.

Mais les Russes et les Prussiens s'étant rejoints battent Bernadotte à *Mohrungen.*

Napoléon vole à son secours et bat les Russes à la sanglante journée d'**EYLAU** (40,000 hommes hors de combat !).

(1) Ou Kœsen.
(2) Le Blocus continental aura, à l'intérieur, l'avantage de développer de nouvelles industries mais il irritera les autres nations et entraînera Napoléon a des guerres désastreuses.

Campagne d'Été contre les *Russes*. (1807.)	Napoléon établit ses quartiers d'hiver sur la Passarge. Il coupe les Russes de la mer et des Prussiens. Les poursuit et les écrase définitivement à **FRIEDLAND** (14 juin 1807).
Traité de **Tilsitt**.	La Prusse anéantie est *réduite de moitié*. La Saxe est érigée en royaume. Constitution du royaume de *Westphalie* donné à son frère *Jérôme Bonaparte*. Loin de traiter la Russie en vaincu, il fait tous les sacrifices pour se concilier la reconnaissance et l'alliance de ce pays, lui abandonne toute liberté du côté de la Suède et de la Turquie, et renonce à cause d'elle à reconstituer le royaume de Pologne, à la seule condition que la Russie *adhère au blocus continental*.

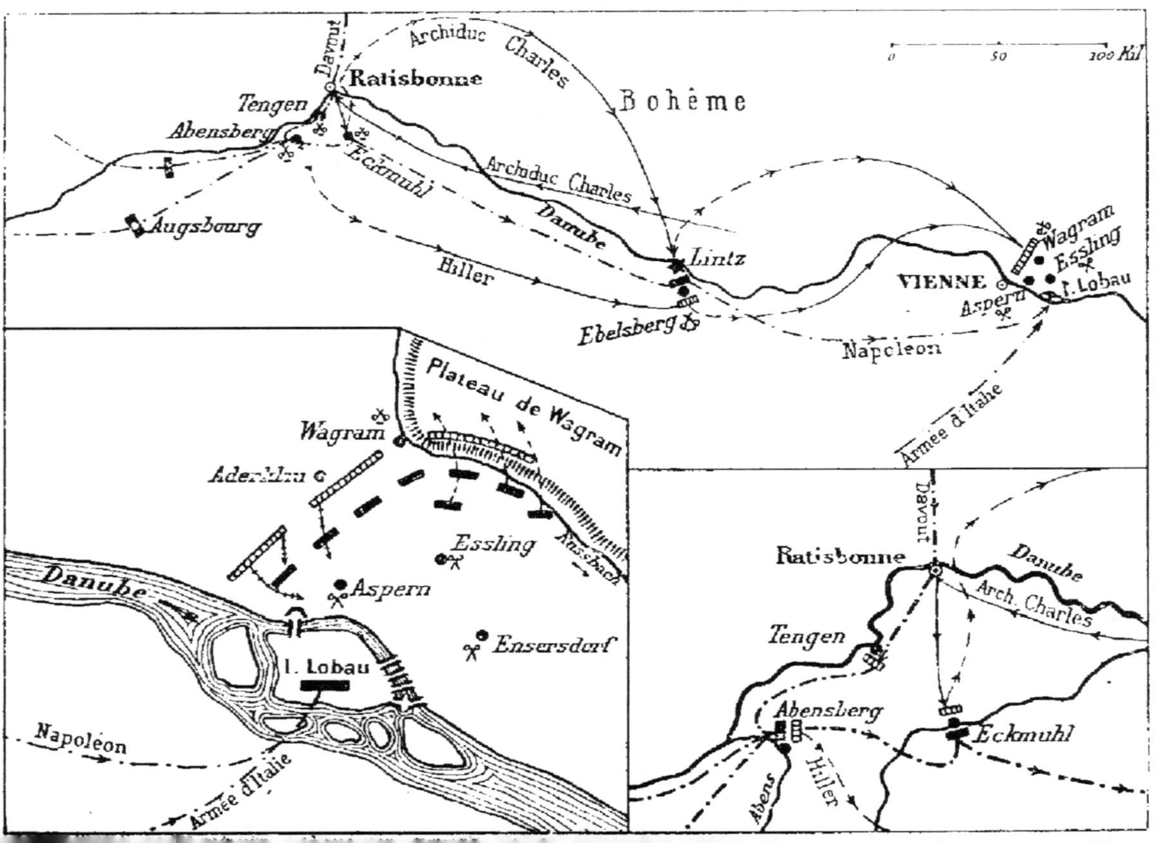
Davout
Archiduc Charles
Ratisbonne
Bohême
0 50 100 Kil.
Tengen
Abensberg
Eckmuhl
Archiduc Charles
Augsbourg
Danube
Wagram
Essling
Hiller
Lintz
VIENNE
Aspern
I. Lobau
Ebelsberg
Napoléon
Armée d'Italie
Plateau de Wagram
Wagram
Aderklaa
Nussbach
Essling
Danube
Aspern
Ensersdorf
I. Lobau
Napoléon
Armée d'Italie
Ratisbonne
Danube
Arch. Charles
Davout
Tengen
Abensberg
Eckmuhl
Abens
Hiller

Campagne de 1809.

L'Angleterre voyant nos forces accumulées en Espagne et les succès de Napoléon de ce côté, suscite contre nous l'Autriche.

France
Bavière } contre { Angleterre,
Autriche,
Espagne,
Portugal.

En dehors de l'Allemagne.

Sur mer... Les expéditions anglaises contre **Rochefort** et **Anvers** sont repoussées.

Espagne... (V. la guerre d'Espagne.)

Italie..... Le prince Eugène (vice-roi d'Italie) battu à *Sacile*, renforcé par Macdonald après Eckmühl, repousse l'archiduc Jean et rejoint Napoléon à l'île Lobau.

Allemagne.
1
Bataille
des 5 jours.

Berthier, qui d'abord a le commandement, compromet la campagne en laissant Davout (à Ratisbonne) et Masséna (à Augsbourg) séparés.

Mais Napoléon arrive et concentre immédiatement toutes ses forces à Abensberg.

Davout pour le rejoindre exécute une remarquable marche de flanc et bat à **Tengen** les Autrichiens très supérieurs.

Napoléon profite à son tour de la dispersion des Autrichiens, pour les couper en deux.

A **Abensberg** il rejette Hiller sur le sud, le poursuit à **Landshut**.

A **ECKMUHL** il bat l'archiduc Charles, le repousse au delà de Ratisbonne et le force à fuir en Bohême.

Allemagne.
II
Wagram.

Napoléon marche sur Vienne.
Pendant ce temps la Prusse se soulève.
Combat d'**Ebelsberg**.
Entrée de l'armée française à **Vienne.**
Napoléon traverse le Danube à l'île Lobau.
Mais les ponts sont emportés par une crue subite alors que Masséna, Lannes et Bessières ont seuls passé (30,000 hommes). Combats acharnés de ces maréchaux à *Aspern* et *Essling* contre 80,000 Autrichiens. Lannes est tué. — Ils rentrent dans l'île Lobau, malgré leurs succès sur les Autrichiens.
L'île devient un immense camp fortifié.
Napoléon y est rejoint par l'armée d'Italie (prince Eugène), et prépare un nouveau passage.
L'armée entière passe sur plusieurs ponts de bateaux.
Le 6 juillet, bataille de **WAGRAM**. A gauche, Masséna a à supporter l'effort principal des Autrichiens qui veulent nous tourner et nous couper de nos ponts. — Nos succès au centre (Macdonald) et à la droite (Davout, qui a attaqué et pris le plateau de Wagram), forcent l'ennemi à la retraite.

Traité
de *VIENNE.*

La Gallicie (à l'Autriche) est partagée entre { la Russie, le grand-duché de Varsovie (Pologne).
Plusieurs villes sont données à la Bavière.
La *Carinthie*, *Croatie*, *Carniole* (côtes autrichiennes) sont données à la France.

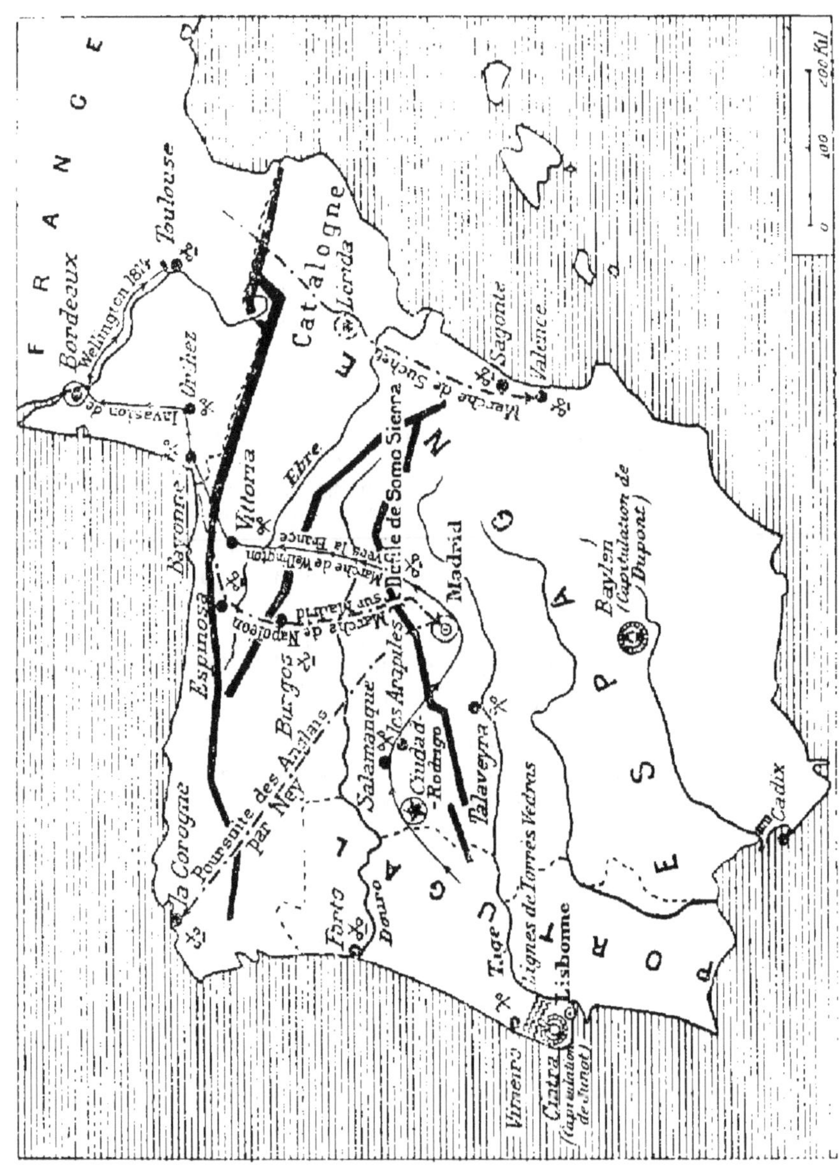
FRANCE
Bordeaux
Toulouse
Orthez
Bayonne
Wellington 1814
Invasion de
Vittoria
Espinosa
Ebre
Catalogne
Lérida
Saragosse
Valence
Marche de Suchet
Défilé de Somo Sierra
Madrid
Burgos
la Corogne
Poursuite des Anglais
par Ney
Marche de Napoléon
sur Madrid
Marche de Wellington
sur la France
Salamanque
Arapiles
Ciudad-Rodrigo
Talavera
Douro
Tage
Porto
Lignes de Torres Vedras
Lisbonne
Vimeiro
Cintra
(Capitulation de Junot)
Baylen
(Capitulation de Dupont)
Cadix
ESPAGNE
PORTUGAL
100
200 Kil.

Campagnes d'Espagne et de Portugal.

(1807-1814)

Portugal.

1re Expédition de Portugal. Junot. (1807-1808.)	Sur le refus du Portugal d'adhérer au Blocus conti- nental, Napoléon signe à Fontainebleau un traité secret avec l'Espagne pour le partage du Portugal. *Junot* traverse l'Espagne, envahit le Portugal et occupe **Lisbonne**. Mais, battu à *Vimeïro* par Wellington, il capitule à *Cintra*.
2e Expédition. Soult. (1809.)	Malgré sa victoire de **Porto**, *Soult* est chassé de *Portugal* par Wellington.
3e Expédition. Masséna. (1810-1811.)	*Masséna* s'empare de **Ciudad-Rodrigo** et poursuit Wellington. Mais se butte contre les formidables lignes de *TORRES- VEDRAS*, devant lesquelles il reste cinq mois, ne recevant aucun secours. Il bat en retraite, poursuivi par Wellington à qui il essaye de résister à *Fuentes de Orono*.

Espagne.

Napoléon voulant mettre son frère Joseph sur le trône d'Espagne, attire
le roi d'Espagne dans un piège à *Bayonne*, et lui arrache son abdication
ainsi qu'à son fils.

L'Espagne se soulève tout entière et oppose à nos armées ses bandes de
guérillas qui, aidées des troupes anglaises, détruisent peu à peu nos armées.

Avant l'arrivée de Napoléon. (1808.)	Joseph, après **Médina del Rio Seco**, entre à Madrid. Mais la capitulation de *Cintra* ⎱ le forcent de quitter Et celle de Dupont à *BAYLEN* ⎰ Madrid.

Napoléon
en Espagne.
(1808 – 1809.)

Napoléon après l'entrevue d'*Erfurth*, où il s'est assuré l'appui de la Russie, accourt en Espagne.
Espinosa, Burgos, Tudela, Somo Sierra, contre les Espagnols.
Il poursuit les Anglais et les rejette d'Espagne à **LA COROGNE**.
Mais il est rappelé sur le Rhin par la déclaration de guerre de l'Autriche (1809).

Campagnes de
Wellington,
généralissime
des troupes anglo-espagnoles
contre
Masséna et Soult
en Espagne.
(1809 – 1814.)

Après Vimeïro et Porto (Portugal). Wellington bat le roi Joseph à *Talaveyra*, tandis que Soult détruit la dernière armée espagnole à **Ocana** et que **Sarragosse** se rend à Lannes après une résistance acharnée.
Après la 3ᵉ expédition de Portugal (Torres-Vedras), pendant laquelle Soult n'a pas su unir ses efforts à Masséna et a échoué devant *Cadix*, Wellington poursuit Masséna à travers l'Espagne.
Wellington bat Marmont à *Salamanque* (1812) et reprend Madrid.
Puis il profite de nos difficultés en Allemagne pour nous chasser d'Espagne à *VITTORIA* (1813).
En 1814, il nous poursuit jusqu'en France, *Bayonne*, *Orthez*, il entre à Bordeaux ; mais Soult l'arrête à **Toulouse** (avril 1814).
Traité de Paris (V. la campagne de 1814).

Opérations
de **Suchet**
en Catalogne et à
Valence.
(1810 – 1814.)

Pendant ce temps Suchet avait pris **Lérida**.
Il avait battu les Anglais à **SAGONTE** (1811) et les avait fait prisonniers à **VALENCE**.
Il administre sagement ses conquêtes et s'y fait aimer des Espagnols.
Mais la retraite de nos forces principales devant Wellington (1813-1814) le force d'abandonner successivement Valence et la Catalogne et de rentrer en France.

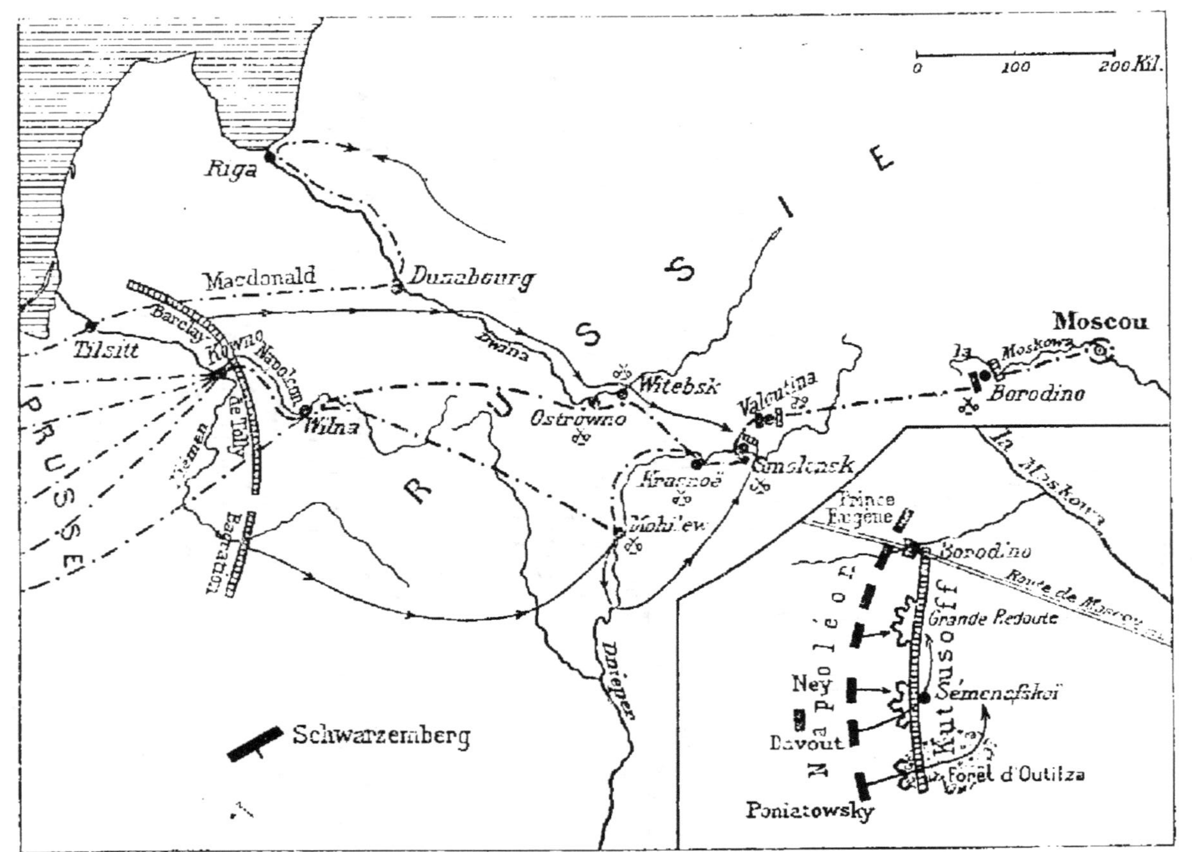
0 100 200 Kil.
RUSSIE
PRUSSE
Riga
Macdonald
Dunabourg
Dwina
Tilsitt
Barclay
Kowno
Napoléon
de Tolly
Niemen
Wilna
Bagration
Witebsk
Ostrowno
Valoutina
Krasnoë
Smolensk
Mohilev
Dnieper
Schwarzemberg
Moscou
la Moskowa
Borodino
Prince Eugène
Borodino
Route de Moscou
la Moskowa
Grande Redoute
Napoléon
Ney
Davout
Poniatowsky
Kutusoff
Séménofskoï
Forêt d'Outitza

Campagne de Russie.

(1812)

Causes........ {
Difficultés entre Napoléon et la Russie au sujet du *Blocus continental*.

Désaccord entre la France et la Russie au sujet de *Constantinople* et de la *Pologne*.

Rupture de Napoléon avec une princesse russe ; il épouse Marie-Louise (d'Autriche).
}

1º Marche sur Moscou. {
Napoléon entre en Russie avec la Grande Armée (450.000 hommes, dont beaucoup d'éléments étrangers).

Ses flancs sont protégés par { Schwarzemberg (Autrichiens). Macdonald (Prussiens).

Par une très belle manœuvre, il sépare d'abord à Wilna les deux armées russes de Barclay de Tolly et de Bagration.

Mais ceux-ci reculent continuellement en dévastant tout.

Ils parviennent à se réunir à Smolensk.

Malgré plusieurs combats partiels **Ostrowno, Mohilew. Witebsk, Krasnoë**, Napoléon ne peut atteindre et écraser le gros des forces russes.

La résistance acharnée de **Smolensk** l'empêche de tourner les Russes.

L'armée, dans un pays si lointain et privé de toute ressource, fond dans des proportions effrayantes (dysenterie, très nombreux déserteurs dans les troupes alliées).

Le général en chef russe Kutusoff essaye enfin de protéger Moscou à la grande bataille de **LA MOSKOWA** (ou Borodino). Ney et Murat enlèvent après de longs efforts les retranchements de Séménofskoï et la grande redoute. Napoléon, n'osant pas engager sa Garde, perd l'occasion d'anéantir complètement les Russes. (Journée la plus sanglante du siècle, 90,000 hommes et 50 généraux hors de combat !)

Entrée à Moscou. qui est aussitôt incendié par le gouverneur Rostopchine.
}

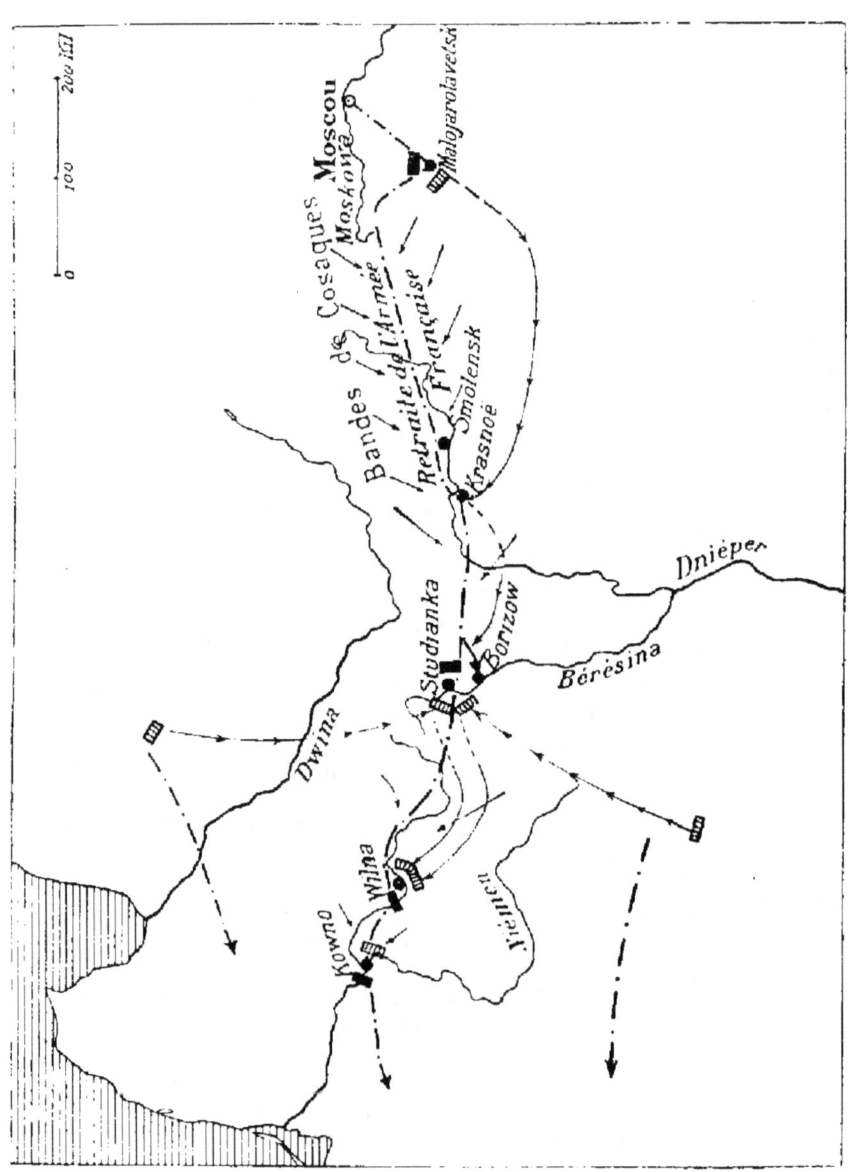
200 Kil
100
0
Moscou
Moskowa
Malojaroslavetz
Bandes de Cosaques
Retraite de l'Armée Française
Smolensk
Krasnoé
Dniéper
Studianka
Borizow
Bérésina
Dwina
Wilna
Kowno
Niémen

2°
Retraite
de
Russie.

Napoléon à Moscou tente vainement des négociations pendant un mois.

Retraite décidée par une route assez riche au sud.

Malgré la victoire de **Malojarolavetsk** il croit nécessaire de regagner la route de Smolensk, route complètement ruinée par le passage des armées.

Retraite épouvantable dans la neige. (15° à 30° de froid.) Pertes énormes. Harcelés par des bandes de cosaques. Nuée de traînards.

Kutusoff essaye de nous couper en deux à **Krasnoë** : Ney arrive à rejoindre Napoléon, mais en perdant 6,000 hommes sur 7,000 !

Passage de la **Bérésina** : Napoléon fait une démonstration sur Borizow et passe à Studianka, grâce aux pontonniers du général Eblé, malgré toute l'armée russe et des difficultés infinies. On brûle les ponts derrière l'armée, en abandonnant 10,000 traînards derrière. — Il ne reste plus que 25.000 hommes sous les armes !

Napoléon quitte l'armée, rappelé en France par la conspiration Malet. — Murat le remplace.

Combats de *Wilna* et de *Kowno*. Il ne reste plus *rien*. Plusieurs régiments n'ont plus que 20 hommes.

450,000 hommes au début
{ 100,000 prisonniers,
300,000 tués, morts de faim ou de froid,
50,000 déserteurs.

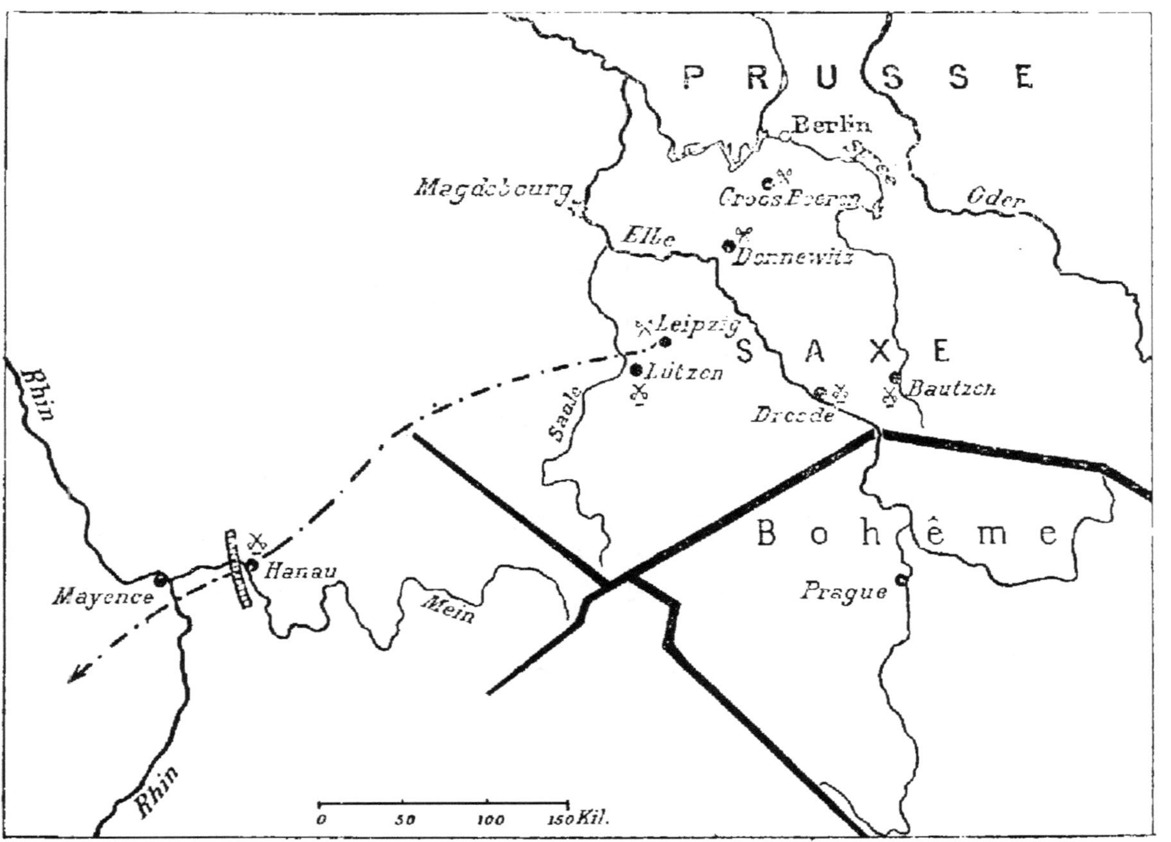
PRUSSE
Berlin
Sprée
Magdebourg
GrossBeeren
Oder
Elbe
Dennewitz
Leipzig
SAXE
Lutzen
Bautzen
Saale
Dresde
Rhin
Bohême
Hanau
Prague
Mayence
Mein
Rhin
0 50 100 150 Kil.

Campagne d'Allemagne.

(1813)

Après la retraite de Russie la coalition devient générale : *Angleterre, Russie, Espagne, Suède* (1), *Prusse, Autriche, Bavière, Westphalie*, etc.

Napoléon après avoir englouti en Espagne et en Russie toutes ses vieilles troupes, n'a plus entre les mains qu'une armée jeune (jeunes gens de 18 ans), sans résistance et sans expérience, en face des vieilles troupes, triple en nombre, des Alliés.

Campagne d'Été.
(1813.)
Succès.

> Napoléon reprend la Saale et l'Elbe par les victoires de **Weissenfels, LUTZEN.**
>
> Il reprend la ligne de l'Oder par **BAUTZEN, Wurtzen.**
>
> Et fortifie solidement toute la ligne de l'Elbe.

Napoléon, pour gagner du temps, signe l'armistice de Pleswitz, mais malheureusement refuse d'accéder aux conditions que l'Autriche lui propose au congrès de Prague.

Campagne d'Automne.
(1813.)
Retraite.

> Les Alliés fondent sur Napoléon avec 500,000 hommes en trois grandes armées.
>
> Il bat l'une d'elles à **DRESDE**. (Mort de Moreau, tué dans les rangs ennemis !)
>
> Mais ses lieutenants sont battus à *Kulm, Groos Beeren, Dennewitz.*
>
> Il arrive à concentrer 150,000 hommes sur le champ de bataille de *LEIPZIG* ou *Bataille des Nations*. Dans trois jours de lutte il est écrasé par 350,000 Alliés. Les Saxons font défection sur le champ de bataille même (120,000 hommes frappés à Leipzig !)
>
> *Retraite* de l'armée à travers tout un pays soulevé, décimée par le typhus.
>
> Elle s'ouvre, au travers des Bavarois, un passage à **Hanau.**
>
> La France est envahie de tous les côtés. (V. Campagne de 1814.)

(1) L'armée suédoise est commandée par Bernadotte, choisi en 1810 comme héritier par le roi de Suède, et qui tourne maintenant ses armes contre la France.

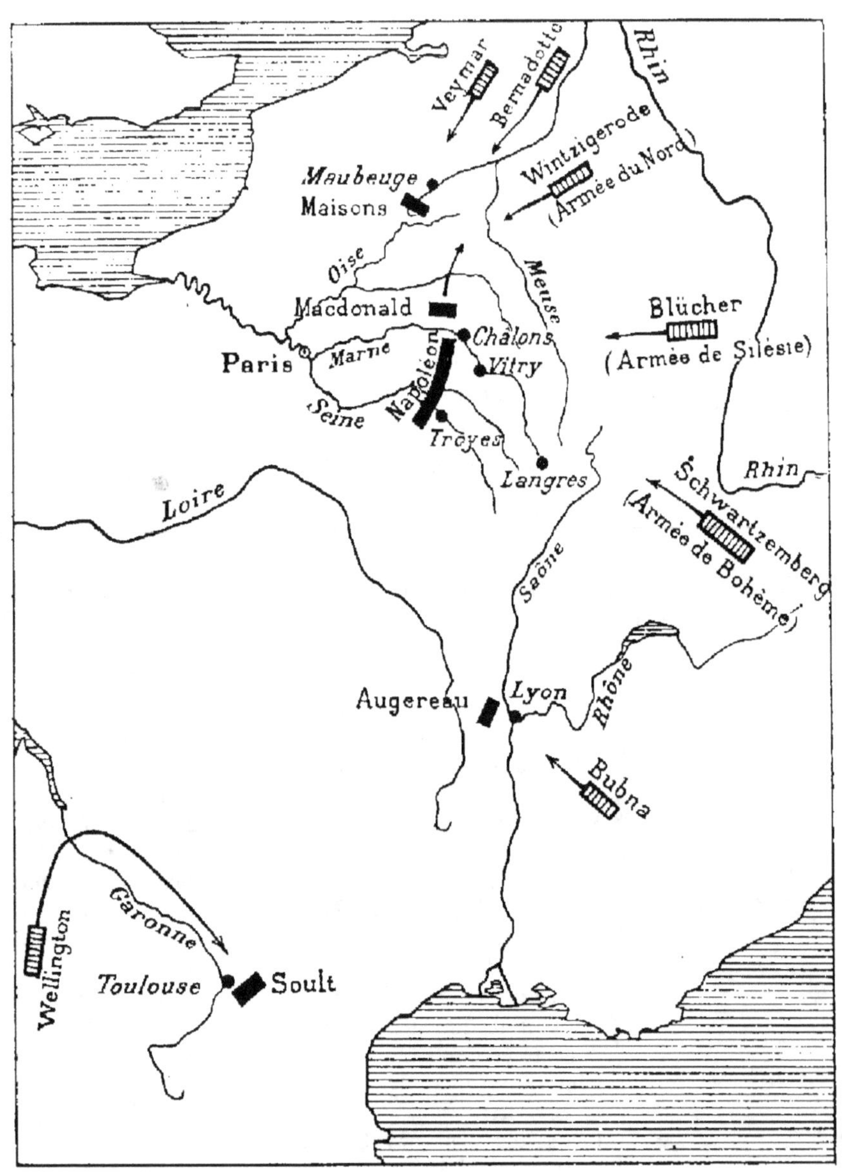
Veymar
Bernadotte
Rhin
Wintzigerode
(Armée du Nord)
Maubeuge
Maisons
Oise
Meuse
Macdonald
Blücher
Marne
Châlons
Paris
Napoléon
Vitry
(Armée de Silésie)
Seine
Troyes
Langres
Rhin
Loire
Schwartzemberg
(Armée de Bohême)
Saône
Augereau
Lyon
Rhône
Bubna
Garonne
Wellington
Toulouse
Soult

Campagne de France.

(1814)

Après la retraite d'Allemagne, la France est envahie de tous les côtés par l'*Angleterre*, la *Russie*, la *Prusse*, l'*Autriche*, l'*Espagne*, la *Bavière*, la *Suède*, etc. Elle dispose de 130,000 hommes, dont 60,000 seulement vrais soldats, contre 500,000 Alliés.

Maisons.....	'		"	Veymar (Prussiens, Anglais).
			»	Bernadotte, en 2ᵉ ligne (Suédois).
Macdonald...	»		100,000 h.	Wintzigerode, armée du Nord (Prussiens, Russes).
Napoléon....	70,000 h.	{	130,000 h.	Blücher, armée de Silésie (Prussiens, Wurtembergeois).
			150,000 h.	Schwartzemberg, armée de Bohème (Autrichiens, Russes, Bavarois).
Augereau....	»		»	Bubna (Autrichiens).
Soult.......	»		»	Wellington (Anglais).
	130,000 h.		500,000 h.	

1º
Début. — Contre *Blücher* seul : **St-Dizier, Brienne.**
Contre { *Blücher*, *Schwartzemberg* } réunis : *La Rothière.*

Napoléon repousse les propositions du congrès de Châtillon. (Limites de 1792.)

2°
Succès contre
Schwartzemberg
Blücher, } séparés.

Les deux armées de } Silésie, Bohême, } se séparent et marchent sur Paris par la } Marne, Seine.

Napoléon en profite pour les battre *successivement :*

1° *Blücher* à **Champaubert, Montmirail, Château-Thierry, Vauchamps.** Il le rejette en désordre sur Châlons. En quatre jours, Napoléon avec 60,000 hommes a pris ou tué 30,000 hommes à l'ennemi :

2° *Swartzemberg* à **Mormans, Nangis, Montereau,** et le rejette sur Troyes.

3°
Les forces de Napoléon
deviennent *insuffisantes.*

Napoléon retourne à *Blücher* et l'accule à l'Aisne.

Mais la capitulation de **Soissons** sauve Blücher qui se réunit à Wintzigerode.

Contre les deux armées réunies du } Nord, Silésie, batailles indécises de **Craonne, Laon.**

Napoléon se jette alors sur l'armée de *Bohême,* à **Arcis-sur-Aube,** mais ne peut l'arrêter.

4°
Nouveau plan de
Napoléon.
Fin de la campagne.

Napoléon songe alors à se jeter sur les derrières des Alliés, pour les couper de leurs communications, comptant sur { ses 60,000 hommes. 60,000 h. de garnisons, se fiant sur la résistance de Paris.

Les Alliés, sans s'inquiéter de ce mouvement, se concentrent rapidement sur Paris.

Bataille de **PARIS** (Marmont et Mortier). Capitulation après deux jours de combat.

Napoléon revient sur Fontainebleau pour se joindre à Marmont et tenter un dernier effort.

Défection du traître Marmont à Essonnes !

Le Sénat prononce la *déchéance de l'Empereur.*

Abdication à Fontainebleau.

1er traité de *PARIS.*
(Avril 1814.)

Retour des Bourbons.
La France rentre dans les frontières de 1792.
L'*île d'Elbe* est donnée à Napoléon.

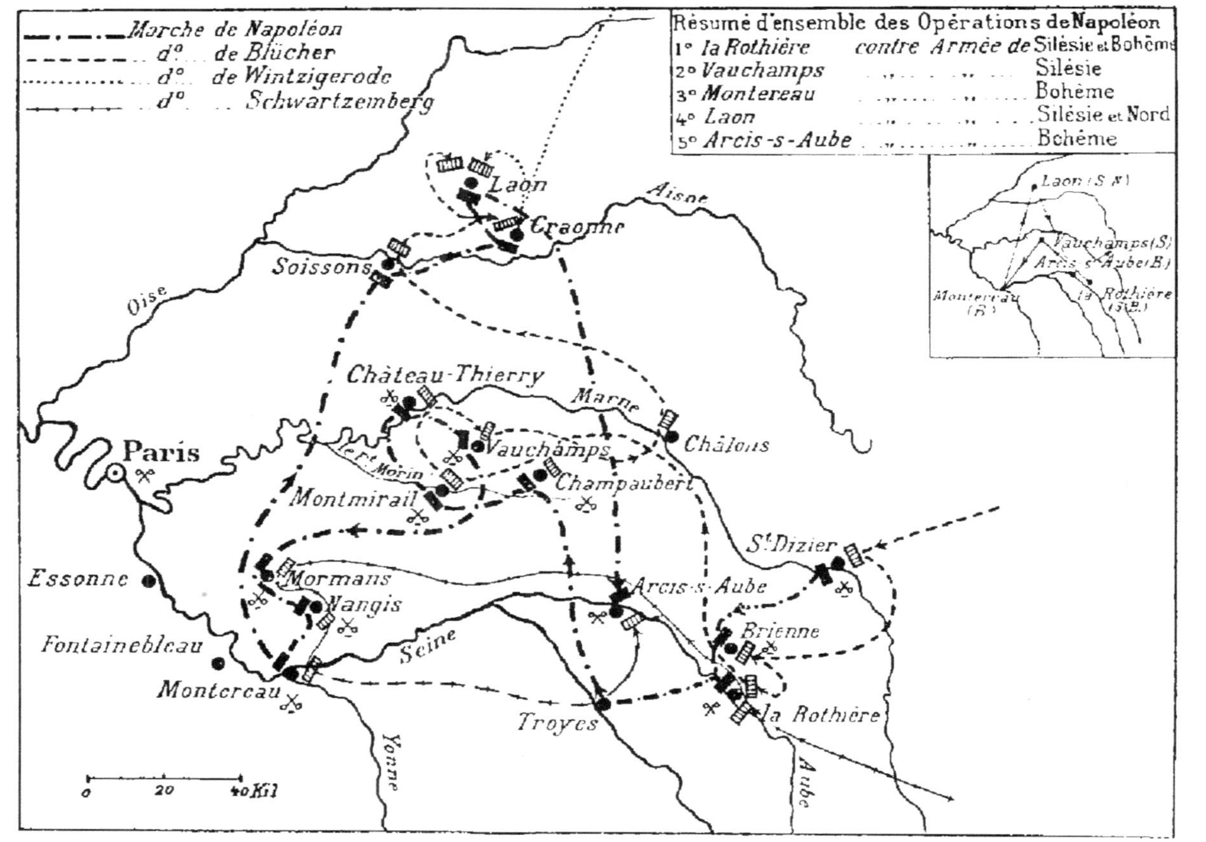
Marche de Napoléon
d°   de Blücher
d°   de Wintzigerode
d°   de Schwartzemberg
Résumé d'ensemble des Opérations de Napoléon
1° la Rothière   contre Armée de   Silésie et Bohème
2° Vauchamps   ...   ...   Silésie
3° Montereau   ...   ...   Bohème
4° Laon   ...   ...   Silésie et Nord
5° Arcis-s-Aube   ...   ...   Bohème
Laon (S.N.)
Vauchamps (S.)
Arcis-s-Aube (B.)
Montereau (B.)
la Rothière (S.B.)
Laon
Craonne
Aisne
Oise
Soissons
Château-Thierry
Marne
Châlons
le P.t Morin
Vauchamps
Champaubert
Montmirail
Paris
St. Dizier
Essonne
Mormans
Nangis
Arcis-s-Aube
Brienne
Fontainebleau
Seine
Montereau
Troyes
la Rothière
Yonne
Aube
0   20   40 Kil

Campagne de 1815.

Les fautes de la Première Restauration faisaient souhaiter le retour de Napoléon en France.

En mars 1815, dix mois après sa première abdication, il reparaît en France.

Il arrive jusqu'à Paris sans trouver de résistance. Louis XVIII prend la fuite.

Il essaye de satisfaire l'opinion libérale par l'acte additionnel aux constitutions de l'Empire.

Et fait des ouvertures de paix aux puissances alliées, qui refusent de croire à leur sincérité.

Campagne de Waterloo.

La coalition générale qui l'avait renversé se reforme aussitôt.

Les deux premières armées alliées prêtes sont celles de { l'*Angleterre* (Wellington), la *Prusse* (Blücher). } Elles traversent la Belgique. Napoléon court au-devant d'elles.

Il a **120,000** hommes contre **220,000** des meilleures troupes de l'Europe.

Défection de Bourmont.

Il bat les Prussiens à **Ligny**, pendant que Ney échoue devant les *Quatre-Bras*.

Napoléon accourt à *WATERLOO* au secours de Ney. — Napoléon, à forces égales, veut tourner les Anglais par leur gauche : mais l'impétuosité impatiente de Ney entraîne l'armée à une attaque du centre, contre le gré de Napoléon. — Grouchy qui, après Ligny, avait été chargé de poursuivre les Prussiens, s'était contenté de les suivre mollement, en sorte que Blücher arrive le soir sur notre flanc droit et nos derrières, au moment où les Anglais allaient battre en retraite. — L'armée française anéantie se débande. Napoléon cherche à se donner la mort. — La Garde refuse de se rendre et meurt tout entière au Bataillon-Sacré.

Napoléon renonce au trône en faveur de son fils, que l'Europe refuse de reconnaître.

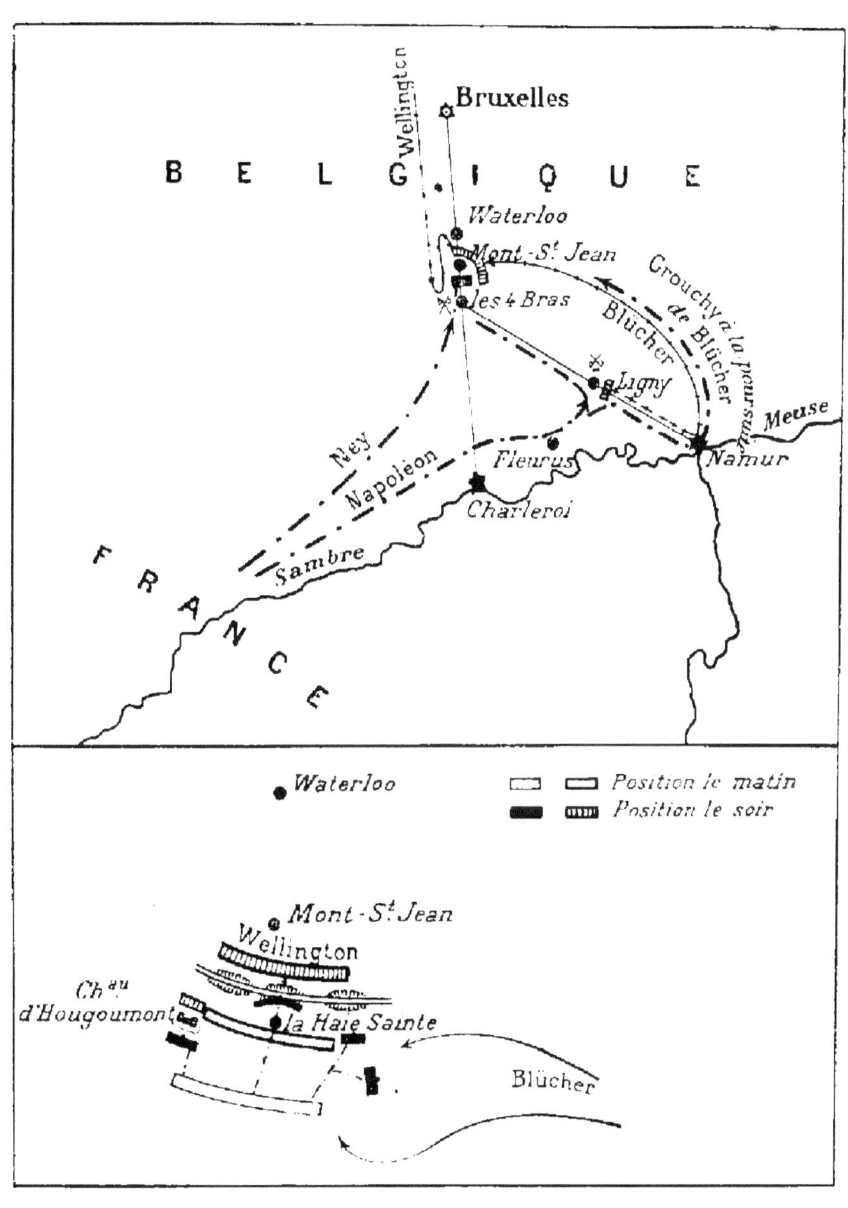
Bruxelles
Wellington
BELGIQUE
Waterloo
Mont-St Jean
les 4 Bras
Grouchy à la poursuite de Blücher
Blücher
Ney
Ligny
Meuse
Napoléon
Fleurus
Namur
Sambre
Charleroi
FRANCE
Waterloo
Position le matin
Position le soir
Mont-St Jean
Wellington
Chau d'Hougoumont
la Haie Sainte
Blücher

Voulant se réfugier aux États-Unis, il se confie à la loyauté d'un navire anglais. Mais les Anglais le déclarent prisonnier et l'enferment à Sainte-Hélène, où il mourut après cinq ans de martyre.

Louis XVIII rentre à Paris cent jours après son départ ; il met à mort le maréchal Ney, congédie l'armée, etc.

La France est envahie et saccagée par des millions d'étrangers ; elle n'est sauvée que par l'intervention énergique du czar.

2ᵉ traité de _PARIS_. La France encore amoindrie de quelques villes, paye une indemnité et des frais de **2** milliards.
Occupation de la France par les troupes alliées pendant trois ans.

Conquête de l'Algérie.

(1830-1857)

Causes............ { Alger, repaire de *pirates* turcs.
Le dey d'Alger frappe notre consul et bombarde nos navires.

Prise d'Alger.
(1830.)
{ Malgré les réclamations de l'Angleterre jalouse, une expédition est résolue.
Prise du **fort l'Empereur. Alger** capitule.

La conquête de l'Algérie est décidée après de longues hésitations.

Nous avons à combattre particulièrement : 1° à l'est le *bey de Constantine*; 2° à l'ouest *Abd-el-Kader*, chef musulman, qui prêche la guerre sainte et soulève les populations : 3° les populations *kabyles*, très rebelles à notre envahissement. — De nombreuses bandes d'indigènes nous harcèlent sans cesse de tous côtés.

Prise de
Constantine.
{ 1re *expédition* du maréchal Clausel, qui échoue devant **Constantine**. (Héroïsme de Changarnier dans la retraite.)
Dans une 2e *expédition* le maréchal Valée (1837), après avoir fait une brèche à la formidable place de **Constantine**, pénètre dans la ville qui ne se rend qu'après une défense acharnée.
Expédition des **Portes de Fer.**

Contre **Abd-el-Kader.**	La *Macta*. **La Sikkah**. Bugeaud accorde à Abd-el-Kader un traité avantageux à *LA TAFNA*. Mais Abd-el-Kader reprend néanmoins bientôt l'offensive. Défense héroïque du capitaine Lelièvre à **Mazagran**. **La Schiffa**. **Mouzaïa**. Massacre des Français à *Nemours*. Pélissier brûle 500 Arabes dans les grottes du Dahra. Le maréchal *Bugeaud* organise un système de guerre approprié au pays et aux ennemis qu'il a à combattre. Prise de la Smala d'Abd-el-Kader par le duc d'Aumale à **Taguin.**
Contre le **Maroc** et Abd-el-Kader.	Le Maroc, où Abd-el-Kader s'est réfugié, nous déclare la guerre. Le maréchal Bugeaud bat le Maroc et Abd-el-Kader à **ISLY**. Bombardement de **Tanger** et **Mogador** par la marine française. *Abd-el-Kader* fait sa soumission à Lamoricière à Nemours.
Conquête de la **Kabylie.** (1851-1857.)	Restait encore la région indomptée des Kabyles (montagnes du Djurjura). Prise de **Zaatcha**, de **Laghouat**, de **Tougourt**. Combat d'**ICHÉRIDEN** (Mac-Mahon). Le maréchal Randon achève la pacification du pays.

Insurrection de 1871.

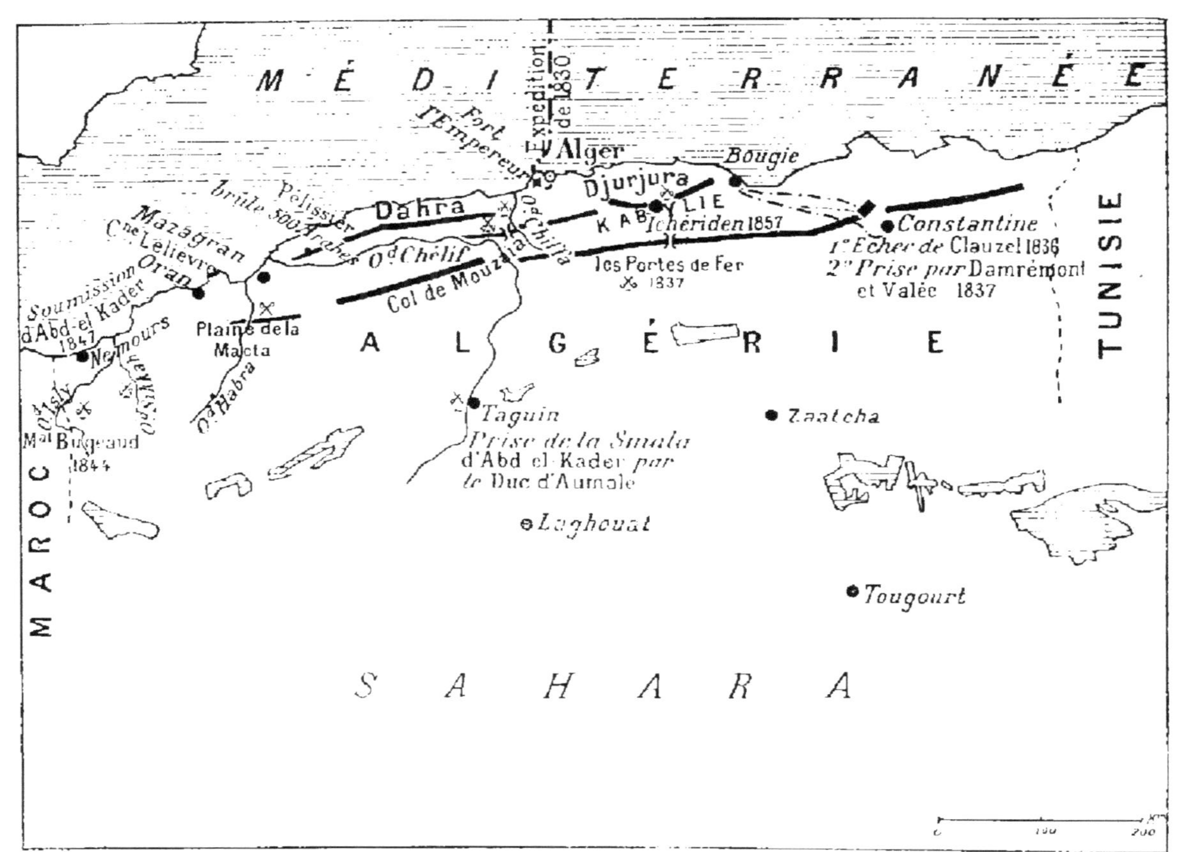
MÉDITERRANÉE
Expédition de 1830
Fort l'Empereur
Alger
Bougie
Djurjura
KABYLIE
Icheriden 1857
Constantine
1er Echec de Clauzel 1836
2e Prise par Damrémont et Valée 1837
Pélissier
brûle 500 arabes
Dahra
Od Chélif
Col de Mouzaïa
les Portes de Fer
1837
Mazagran
Cne Lelievre
Oran
Soumission d'Abd-el Kader 1847
Nemours
Od Isly
Mal Bugeaud 1844
Od Habra
Plaine de la Macta
ALGÉRIE
Taguin
Prise de la Smala d'Abd el Kader par le Duc d'Aumale
Laghouat
Zaatcha
Tougourt
MAROC
TUNISIE
SAHARA
100
200

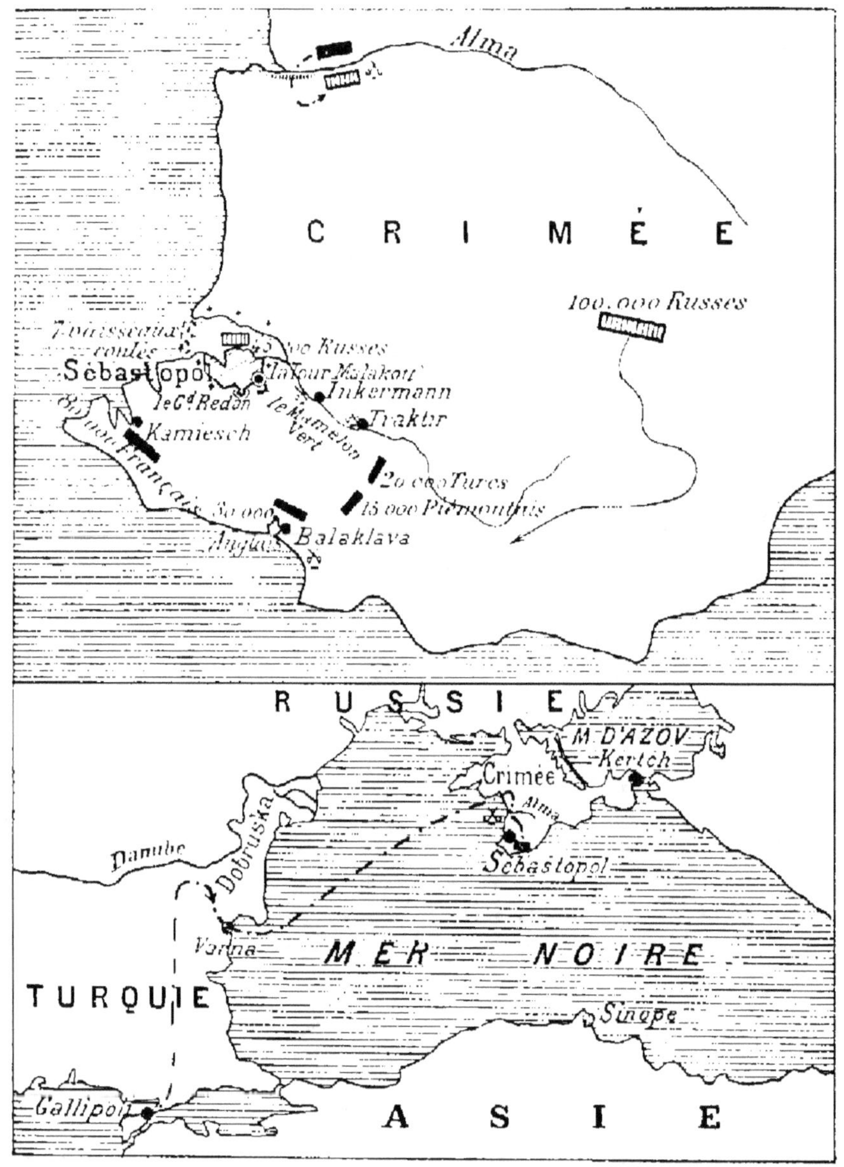
Alma
CRIMÉE
100.000 Russes
7 vaisseaux coulés
Sébastopol
la tour Malakoff
le Gd Redan
le Mamelon Vert
Inkermann
Kamiesch
Traktir
20.000 Turcs
15.000 Piémontais
Français
30.000
Anglais
Balaklava
RUSSIE
M. D'AZOV
Kertch
Crimée
Alma
Danube
Dobrutscha
Sébastopol
Varna
MER NOIRE
TURQUIE
Sinope
Gallipoli
ASIE

Guerre de Crimée.

(1855)

La campagne commence par une guerre entre la Turquie et la Russie, qui convoitait Constantinople. (Bataille navale de *Sinope*, 1853.)

La *France* et l'*Angleterre*, unies par la convention de *LONDRES*, interviennent en faveur de la Turquie. (Maréchal de Saint-Arnaud. — Lord Raglan.)

Expédition de la Dobruska.
{ Les Alliés, décimés par le choléra, quittent bientôt la *Dobruska*.
Et décident l'expédition de Crimée.

Crimée.
Jusqu'au siège de Sébastopol.
Les Alliés débarquent sans résistance et marchent sur l'Alma, où les Russes sont établis.
A l'**ALMA** les zouaves escaladent des rochers que l'on croyait infranchissables et tournent ainsi l'armée russe qui se retire à Sébastopol.
L'ingénieur Totleben fortifie en quelques jours Sébastopol, ville ouverte.
Les Russes bouchent le port en y coulant **7** vaisseaux.
Canrobert succède à Saint-Arnaud, mort du choléra.

Siège de Sébastopol.
1°
Sous Canrobert.
Le siège va durer un an (sept. 1854 à sept. 1855).
Les Français et les Anglais s'établissent au sud. (Kamiesch, Balaklava.)
Un *premier bombardement* infructueux est suivi des batailles de **Balaklava** et d'**Inkermann**.
Un *hiver terrible* fait subir des pertes immenses aux Alliés.
Des secours arrivent en masse de France et d'Angleterre.
Arrivent 20,000 Turcs et 15,000 Piémontais.
Deuxième bombardement.

<table>
<tr><td>Siège de
Sébastopol.
2°
Sous Pélissier.</td><td>Canrobert cède le commandement à Pélissier.
Occupation de **Kertch.**
Assaut de juin. (Prise du Carénage et du Mamelon-Vert. — Echec à Malakoff.)
Bataille de **Traktir.**
Troisième bombardement (un mois).
Assaut du 8 septembre. Mac-Mahon prend la tour **MALAKOFF** et les Russes évacuent Sébastopol.</td></tr>
<tr><td>Expédition
de la
mer **Baltique.**</td><td>Pendant cette campagne une flotte franco-anglaise dans la mer Baltique, a bloqué la flotte russe à **Kronstadt** et pris **Pomarsund.**</td></tr>
<tr><td>Traité de *PARIS.*</td><td>Recule un peu la frontière russe du côté des Turcs,
Et rend libre la navigation du Danube.</td></tr>
</table>

Campagne d'Italie.

(1859)

Causes.......... $\left\{\begin{array}{l}\text{} \end{array}\right.$ Tendances de toute l'Italie à secouer le joug de l'Autriche, et en particulier du Piémont de faire à son profit l'unité italienne.
Habileté de M. de Cavour (ministre piémontais) à se concilier Napoléon III (mariage du prince Napoléon avec une princesse piémontaise. — 15.000 hommes fournis par le Piémont pendant la guerre de Crimée).

Adversaires....... $\left\{\begin{array}{l}\text{} \end{array}\right.$ 1° *France*, 150.000 hommes en cinq corps, envahit par le Mont-Cenis, le col de Montgenèvre et Gênes. — Napoléon III promet de rendre l'Italie libre jusqu'à l'Adriatique ;
2° *Piémont*, 60,000 hommes, ne jouera qu'un rôle gênant.
Contre l'*Autriche*, 200,000 hommes commandés par Giulay.

Opérations . . . . {
Les Autrichiens, hésitants et sans plan, laissent les Français opérer sans difficulté leur concentration sur le plateau de Montferrat.

Et poussent sans résultat la reconnaissance offensive de **Montebello.**

Napoléon, simulant une attaque sur Stradella, passe à l'insu des Autrichiens sur la rive gauche du Pô.

Combat de **Palestro.**

Avec l'aide de Mac-Mahon, il bat les Autrichiens à **MAGENTA** (4 juin 1859). — Grand désordre des troupes françaises ; on ne poursuit pas.

Entrée à Milan.

Combat de **Melegnano.**

Bataille de **SOLFERINO** (24 juin), bataille de rencontre. — A gauche, les Piémontais battus reculent, mais au centre Napoléon III enlève la clef de la position.

Napoléon III, effrayé par les menaces de la Prusse, traite à Villafranca.

Traité de **VILLAFRANCA.** { L'Autriche cède la *Lombardie* à la France, qui l'offre au Piémont en échange de *Nice* et de la *Savoie.*

L'Italie, pour qui nous avons versé notre sang pendant cette campagne, nous prouvera sa reconnaissance : 1° en restant neutre en 1870 et en nous suscitant même des troubles en Algérie ; 2° en s'alliant aujourd'hui franchement à nos adversaires dans la *Triple-Alliance !*

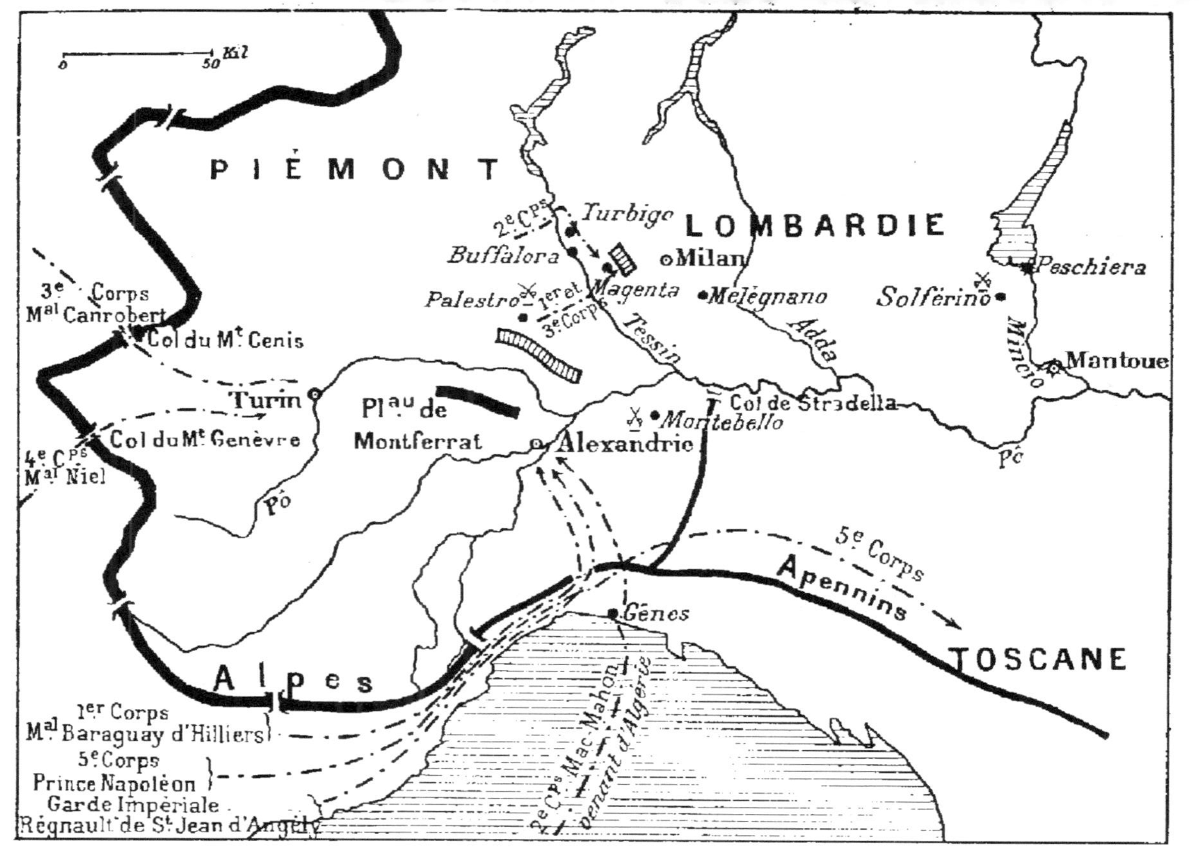
PIÉMONT
LOMBARDIE
TOSCANE
Alpes
Apennins
50 Kil
2e Cps
Turbigo
Buffalora
Milan
Palestro
1er et Magenta
Melegnano
Solférino
Peschiera
3e Corps
Tessin
Adda
Mincio
Mantoue
Pô
3e Corps
Mal Canrobert
Col du Mt Cenis
Turin
Plau de Montferrat
Col de Stradella
Montebello
4e Cps
Mal Niel
Col du Mt Genèvre
Alexandrie
Pô
Pô
5e Corps
Gênes
1er Corps
Mal Baraguay d'Hilliers
5e Corps
Prince Napoléon
Garde Impériale
Régnault de St Jean d'Angely
2e Cps Mac-Mahon
venant d'Algérie

Expédition d'Espagne.

(1823)

But : Remettre sur le trône d'Espagne le roi renversé par une révolution.
Expédition conduite par le duc d'Angoulême.
Pas de résistance ; les troupes françaises sont acclamées par les populations espagnoles.
Prise du **Trocadéro**. — Capitulation de **Cadix**.

Expédition de Rome.

(1848)

Un corps expéditionnaire est envoyé pour rétablir dans ses États le pape chassé par une révolution.
Siège de **Rome** défendu par Garibaldi, qui capitule au bout de deux mois.
Nos troupes restent à Rome jusqu'en 1870 pour protéger le pape.
Bataille de **Mentana**, en 1867, contre Garibaldi.

Expéditions
de Chine et de Cochinchine.

(1860)

1re expédition de Chine.
France / Angleterre } contre Chine.

La Chine ayant violé les conventions des traités de Nankin (avec l'Angleterre) et de Wampoa (avec la France), ces deux puissances envoient une expédition en Chine.
Prise de **Canton**. Prise des forts du **Peïho**. Occupation de **Tien-Tsin**.
Traité de *TIEN-TSIN*, que les Chinois s'empressent de violer.

2e expédition de Chine.
France / Angleterre } contre Chine.

Nouvelle expédition plus sérieuse (35,000 h.).
70,000 Chinois sont chassés des forts du **Peïho**.
Tong-Tchéou, Palikao. Entrée à **Pékin**, incendie du Palais d'Été.
Traité de *PEKIN*, ouvre les côtes chinoises au commerce européen.

Expédition de Cochinchine.
France / Espagne } contre Annam.

Déjà, après la persécution de missionnaires par l'empereur d'Annam, la France et l'Espagne avaient envoyé une expédition qui avait pris **Tourane** et **Saïgon**, mais s'était arrêtée faute de forces suffisantes.
Après la guerre de Chine, l'expédition renforcée prend **Mytho**, bat les Annamites à **Bavia**.
Ceux-ci traitent et nous abandonnent la *Cochinchine* et le protectorat du *Cambodge*.

Expédition du Mexique.

(1861-1867)

Causes... {
A la suite de violences faites aux Européens au Mexique, la France, l'Angleterre et l'Espagne s'unissent pour exiger réparation.
Le Mexique était livré depuis longtemps aux troubles et à l'anarchie. Napoléon III caresse l'ambition d'y fonder un empire.
}

Les troupes alliées débarquent à la **Vera-Cruz**. Mais l'Angleterre et l'Espagne se retirent bientôt. La France reste seule à continuer la guerre.

Nos faibles forces (7,000 hommes) échouent d'abord au siège de *Puebla* (place extrêmement forte).

Renforcés à 45,000 hommes avec le maréchal *Forey* et le maréchal *Bazaine*, nous enlevons **Puebla**, après deux mois de siège, et la victoire de Bazaine à **San-Lorenzo** et entrons à Mexico.

Les Mexicains acceptent pour empereur l'archiduc autrichien *Maximilien*. Nos troupes restent deux ans pour le protéger.

Mais l'opinion publique en France et l'intervention des États-Unis ayant forcé Napoléon III à retirer ses troupes, Maximilien est aussitôt mis à mort.

Cette expédition infructueuse a coûté à la France des hommes et de l'argent, et l'a empêchée de prendre part, en 1866, aux affaires d'Allemagne.

Guerre de Danemark.

(1864)

La Prusse, qui convoitait les provinces danoises du Sleswig-Holstein, déclare la guerre au Danemark, en 1864, après s'être assuré l'alliance de l'Autriche.

Les Danois (un contre trois) se défendent héroïquement pendant deux mois à **Duppel** et à **Fredericia**. Mais finissent par succomber sous l'invasion austro-prussienne.

Par le traité de *GASTEIN* les Prussiens et les Autrichiens enlèvent au Danemark ces deux provinces et se les partagent.

Guerre de la Prusse contre l'Autriche.

(1866)

Cause : Différend, au sujet du Sleswig-Holstein, entre l'Autriche et la Prusse, qui veut les conserver à elle toute seule.

L'Italie en profite pour se soulever contre l'Autriche afin d'achever l'œuvre de l'indépendance italienne.

Prusse ⎰
Italie ⎱ 500,000 h. contre 500.000 h. ⎰ Autriche.
⎱ Plusieurs petits États allemands.

Hanovre
et
Mein.
⎰ Plusieurs corps prussiens poursuivent les troupes hanovriennes et les entourent complètement à *Langensalza*, où elles capitulent (fin juin).
Les Prussiens vont ensuite battre séparément, en plusieurs combats, les deux corps d'armée fédéraux du Mein.

Italie.
⎰ La principale masse de troupes italiennes, mal éclairée, tombe au milieu des positions autrichiennes et est complètement battue à **CUZTOZZA** (fin juin).
Dans le **Tyrol**, le général Kuhn tient contre les Italiens une campagne de montagne célèbre.

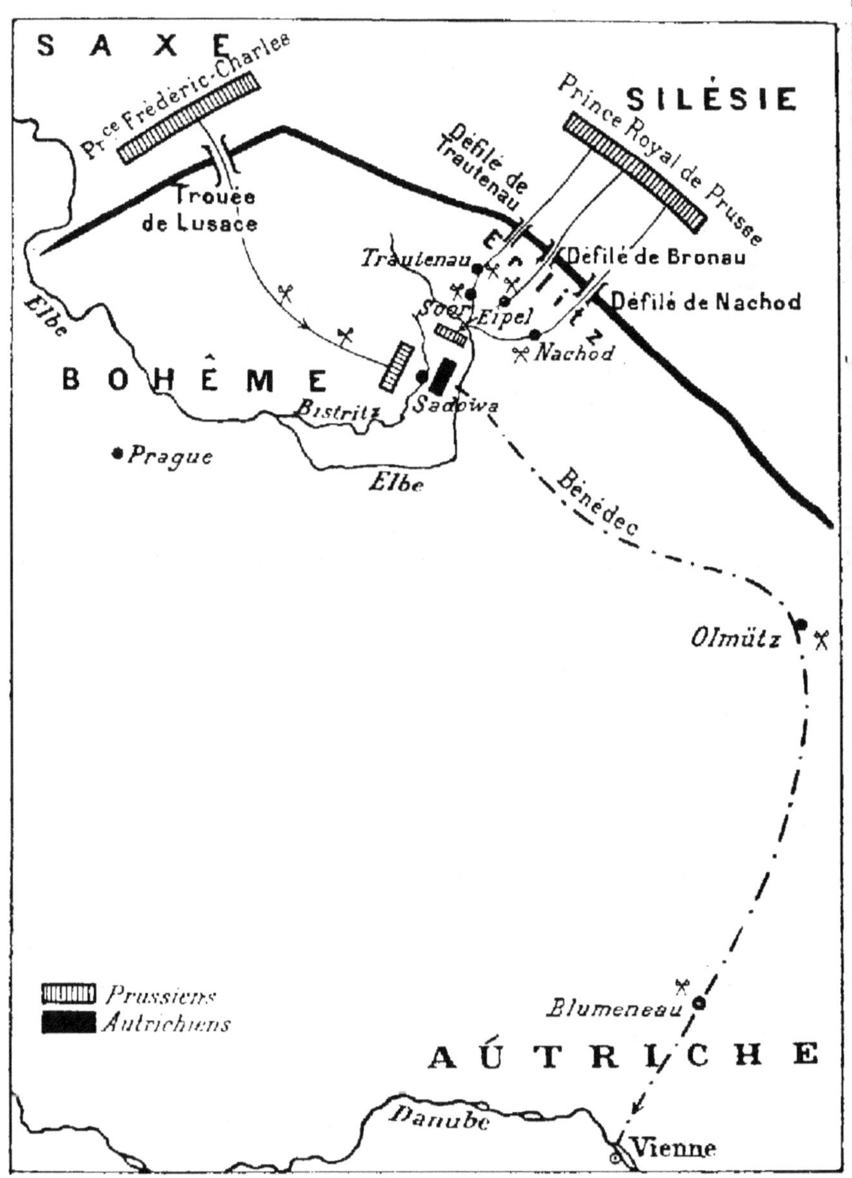
SAXE
SILÉSIE
Pr.ce Frédéric-Charles
Prince Royal de Prusse
Trouée de Lusace
Défilé de Trautenau
Défilé de Bronau
Trautenau
Défilé de Nachod
Soer Eipel
Nachod
BOHÊME
Bistritz
Sadowa
Prague
Elbe
Elbe
Bénédec
Olmütz
Prussiens
Autrichiens
Blumeneau
AUTRICHE
Danube
Vienne

Bohême.
Les Prussiens, massés en deux armées (Prince Frédéric-Charles et Prince Royal), pénètrent en Bohême par la trouée de Lusace et les défilés de l'Erlitz.

Les Autrichiens (général Bénédec), hésitants et sans plan, se font battre en détail à *Podol, Gitchin, Nachod, Soor, Eipel*, etc.

Les deux armées prussiennes se rejoignent presque sans difficultés sur le champ de bataille de *SADOWA* (3 juillet), où elles prennent les Autrichiens entre deux feux. Malgré leur grande victoire les Prussiens en désordre ne peuvent poursuivre les vaincus que deux jours après.

Marche sur Vienne. Petits combats d'*Olmütz* et de *Blumeneau*.

Préliminaires de Nicholsbourg, suivis du

Traité de PRAGUE.
L'Autriche, désormais, ne fait plus partie de l'Allemagne.

La Prusse exerce une sorte de suzeraineté sur tous les autres Etats de l'Allemagne. Les *forces militaires* de tous ces Etats sont entre ses mains. (Premier pas vers la constitution, en 1871, du nouvel empire d'Allemagne.)

L'Autriche abandonne à la Prusse ses droits sur le Sleswig-Holstein.

Elle cède la *Vénétie* à la France qui la rétrocède à l'Italie.

L'Italie est reconnue comme royaume.

Guerre de 1870-71.

I°. — OPÉRATIONS DE BAZAINE.

Lorraine et Metz.

Napoléon III, croyant à tort la France prête à la guerre, saisit l'occasion de la question de candidature d'un prince allemand au trône d'Espagne pour déclarer la guerre à la Prusse (18 juillet).

Effectifs réels | France..... 260,000 h. (600,000 h. avec les réserves).
au début | Allemagne.. 450,000 h. (1.200,000 h. avec les réserves).

Supériorité de notre fusil. — Infériorité de notre artillerie. — Comme troupes de deuxième ligne, nous avons la garde nationale (pas exercée du tout). — Les services de l'arrière et les services des chemins de fer étaient particulièrement préparés chez les Allemands. Ils sont prêts avant nous et prennent l'offensive.

Nos sept corps d'armée sont disséminés sur la frontière, tandis que les Allemands sont groupés en trois armées.

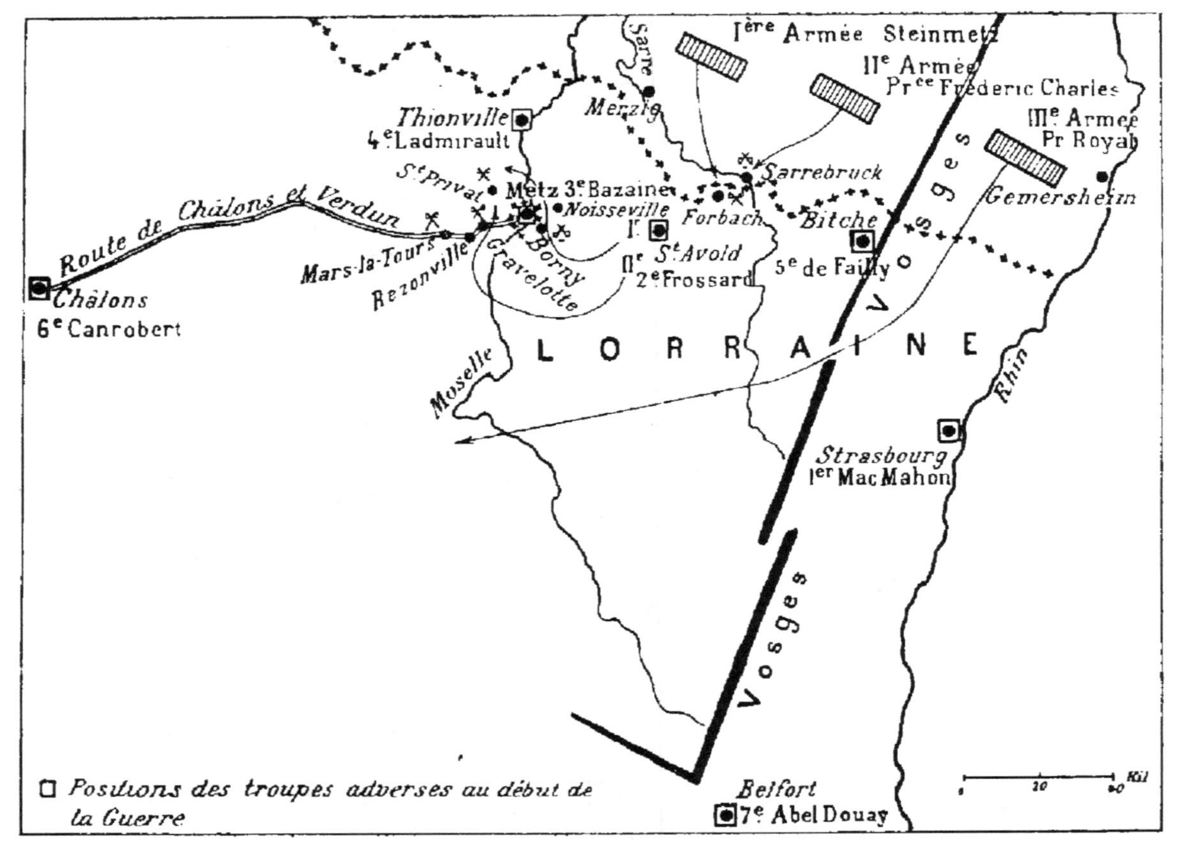

Ière Armée Steinmetz
IIe Armée Prce Frédéric Charles
IIIe Armée Pr Royal
Sarre
Merzig
Thionville
4e Ladmirault
Sarrebruck
Gemersheim
St Privat
Metz 3e Bazaine
Noisseville
Forbach
Bitche
Route de Châlons et Verdun
Mars-la-Tours
Rezonville
Gravelotte
Borny
Ir
IIe St Avold
2e Frossard
5e de Failly
Châlons
6e Canrobert
Moselle
LORRAINE
Vosges
Rhin
Strasbourg
1er Mac Mahon
Vosges
Positions des troupes adverses au début de la Guerre
Belfort
7e Abel Douay
Kil
10

Le 2 août, petit succès de **Sarrebrück**.

Le 5 août, groupement des forces françaises en deux armées :

> Armée de Lorraine (maréchal *Bazaine*), 2e, 3e, 4e, 6e corps et Garde, contre les Ire et IIe armées allemandes ;
>
> Armée d'Alsace (maréchal *de Mac-Mahon*), 1er, 5e et 7e corps, contre la IIIe armée allemande.

Le 6 août, attaque convergente des Allemands à *Forbach*, sur les positions étagées du 2e corps, que les 3e et 4e corps ne soutiennent pas.

Bazaine bat en retraite sur Verdun en traversant Metz.

Pendant que nous traversons la Moselle, les Allemands nous attaquent et sont repoussés à **Borny**.

Mais ils nous coupent la route de Verdun et nous battent à *GRAVELOTTE* (1). (Immenses chocs de cavalerie.)

Le 18 août, l'armée de Bazaine est encore battue à *SAINT-PRIVAT*, malgré l'héroïque défense du corps de Canrobert qui détruit la Garde allemande. Bazaine ne paraît pas sur le champ de bataille.

Bazaine se fait enfermer et assiéger dans *Metz* par les Ire et IIe armées allemandes, presque sans résistance. (Combat de *Noisseville*.)

Capitulation honteuse de *METZ*, le 28 octobre (175,000 hommes !).

La Ire armée allemande rendue libre marche sur le Nord.

La IIe armée allemande → → la Loire.

---

(1) Ou Rezonville ou Mars-la-Tour.

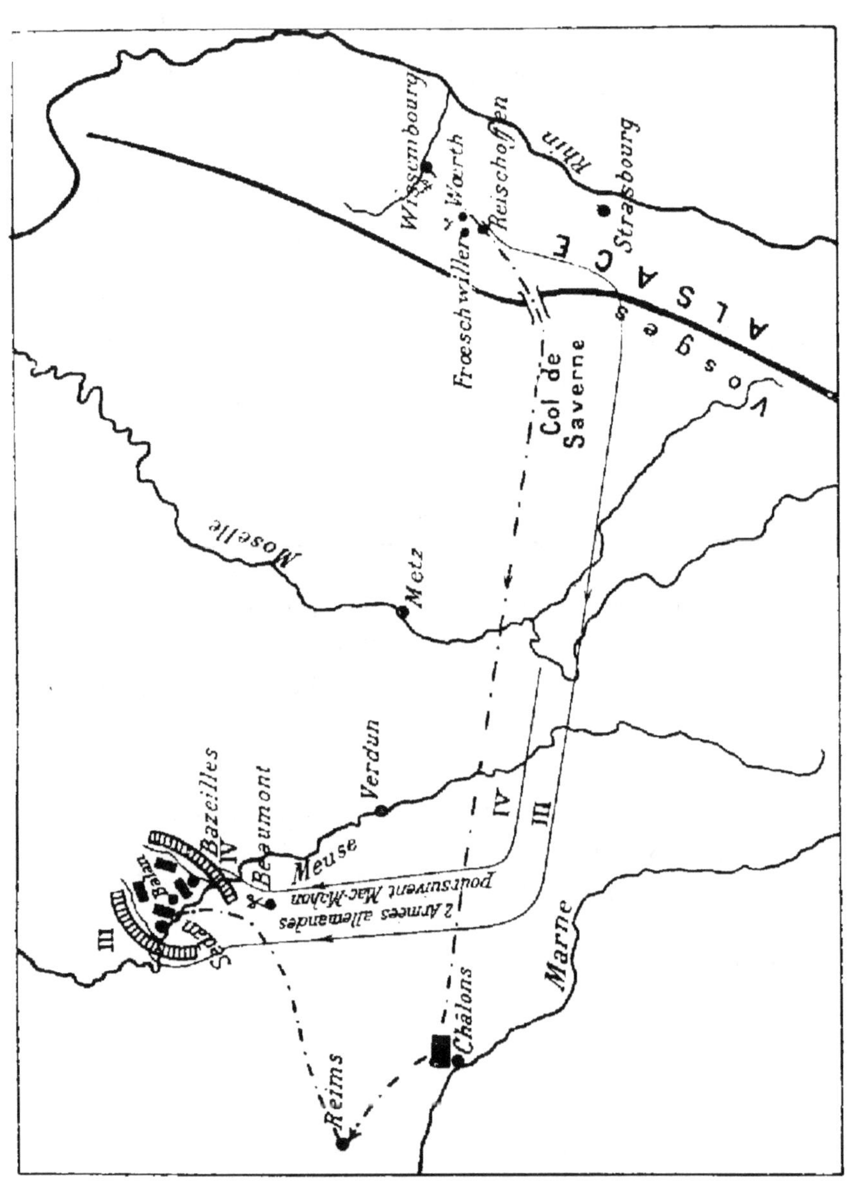
Wissembourg
Wœrth
Reuschoffen
Rhin
Strasbourg
ALSACE
Frœschwiller
Vosges
Col de Saverne
Moselle
Metz
Verdun
Bazeilles
Beaumont
Meuse
Sedan
Bazan
IV
III
II
2 Armées allemandes poursuivent Mac-Mahon
Marne
Châlons
Reims

II° — OPÉRATIONS DE MAC-MAHON.

Alsace et Sedan.

Opérations de *Mac-Mahon*.

1° Campagne d'Alsace.

Le 4 août, *4,500* hommes de la division Abel Douai résistent héroïquement, pendant 5 heures, à *150,000* hommes à *Wissembourg*.

L'Empereur, le 5 août, groupe nos forces en deux armées { Bazaine (en Lorraine). / Mac-Mahon (en Alsace).

Mac-Mahon (1er, 5e et 7e corps) prend une bonne position à *Reischoffen* (6 août). (Charges de cavalerie de Morsbronn.) Repoussé par des forces triples, il bat en retraite sur Chalons. — Les Allemands perdent ses traces. — Il gagne cinq jours sur eux pour se reformer.

2° Poursuite de l'armée de Châlons.

Après s'être reformé au camp de Chalons, Mac-Mahon (1er, 5e, 7e et 12e corps) parti sur Paris, par Reims, reçoit l'ordre de Napoléon III de marcher sur Sedan pour donner ensuite la main à Bazaine.

Les IIIe et IVe (nouvellement formées) armées allemandes s'aperçoivent au bout de deux jours de son mouvement et le poursuivent.

Marche trop lente et hésitante de Mac-Mahon.

Le 5e corps (de Failly) est surpris à *Beaumont*.

Le 1er septembre, les deux armées allemandes nous entourent complètement dans le trou de *SEDAN*. Défense héroïque de l'infanterie de marine à Bazeilles. Mac-Mahon, blessé, est remplacé par Wimpfen. Charges de Margueritte et de Gallifet. Napoléon III et Wimpffen capitulent (100,000 hommes!).

Conséquences de Sedan.

Les IIIe et IVe armées allemandes, rendues libres, marchent sur Paris.

Le 4 septembre, la République est proclamée (Président : Trochu).

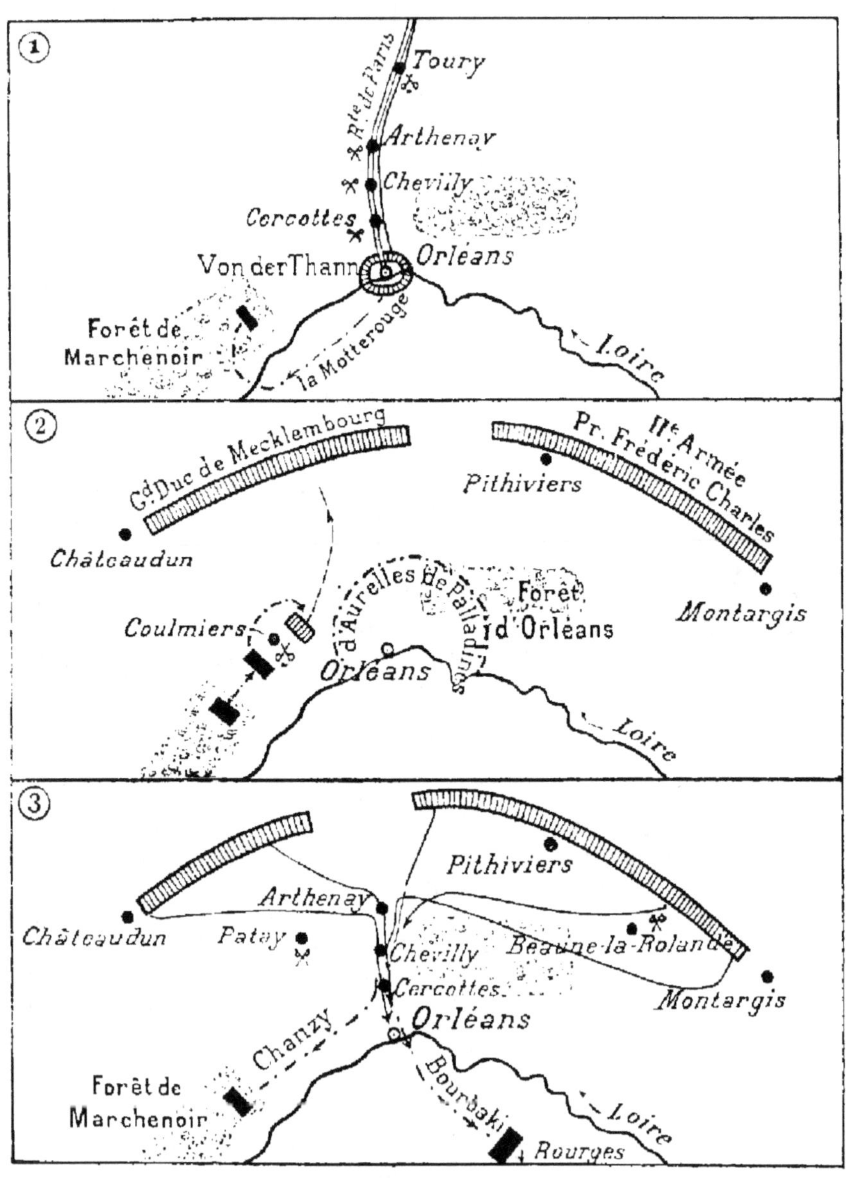
1
R.te de Paris
Toury
Arthenay
Chevilly
Cercottes
Von der Thann
Orléans
Forêt de Marchenoir
la Motterouge
Loire

2
G.d Duc de Mecklembourg
II.e Armée
Pr. Frédéric Charles
Pithiviers
Châteaudun
d'Aurelles de Palladines
Forêt d'Orléans
Montargis
Coulmiers
Orléans
Loire

3
Pithiviers
Châteaudun
Arthenay
Patay
Chevilly
Beaune-la-Rolande
Cercottes
Montargis
Orléans
Chanzy
Forêt de Marchenoir
Bourbaki
Loire
Bourges

CAMPAGNE DE LA LOIRE.

Autour d'Orléans.

Au mois de septembre, il ne reste plus en France de troupes actives (désastres de Sedan et de Metz), mais le pays se soulève et de tous côtés s'organisent de nouveaux corps (600,000 hommes et 1400 canons) sous l'heureuse impulsion de Gambetta. Malheureusement ces corps (14e à 26e corps) sont composés d'éléments hétérogènes, souvent sans valeur militaire (marins, gendarmes, gardiens, douaniers, forestiers, hommes âgés, volontaires très jeunes, etc.). Les cadres sont tout à fait insuffisants.

L'armée de la Loire est prête la première.

1°
1re perte
d'Orléans.
La Motterouge.
(15e corps.)

Au commencement d'octobre, le général *La Motterouge* (15e corps) entame la campagne par les combats de **Toury, Arthenay, Chevilly, Cercottes,** reculant sur Orléans devant l'armée de Von der Thann, et abandonne **Orléans** (11 octobre).

2°
Reprise
d'Orléans.
D'Aurelles
de Paladines.
(15e, 16e corps.)

Le général *d'Aurelles de Paladines* organise les 15e et 16e corps dans la forêt de Marchenoir.
Il remporte la victoire de **COULMIERS**, malgré un mouvement de cavalerie manqué par le général Reyau.
Et reprend **Orléans.**

3°
2e perte
d'Orléans.
D'Aurelles
de Paladines.
(15e, 16e, 17e,
18e, 20e corps.)

D'Aurelles organise la défense d'Orléans avec les 15e, 16e, 17e, 18e et 20e corps contre toute la IIe armée allemande (Frédéric-Charles), venue de Metz, et celle du grand-duc de Mecklembourg.
A notre droite, les 18e et 20e corps sont battus à *Beaune-la-Rolande.*
Puis nous sommes rejetés sur Orléans, après les combats de *PATAY, Arthenay, Chevilly, Cercottes.*
L'armée de la Loire est *coupée en deux* par une habile manœuvre des Allemands.
2e perte d'*Orléans* (4 décembre).

La 1re armée de la Loire (*Bourbaki*) se retire sur Bourges (15e, 18e et 20e corps).

La 2e armée de la Loire (*Chanzy*) se retire sur la forêt de Marchenoir (16e, 17e et 21e corps).

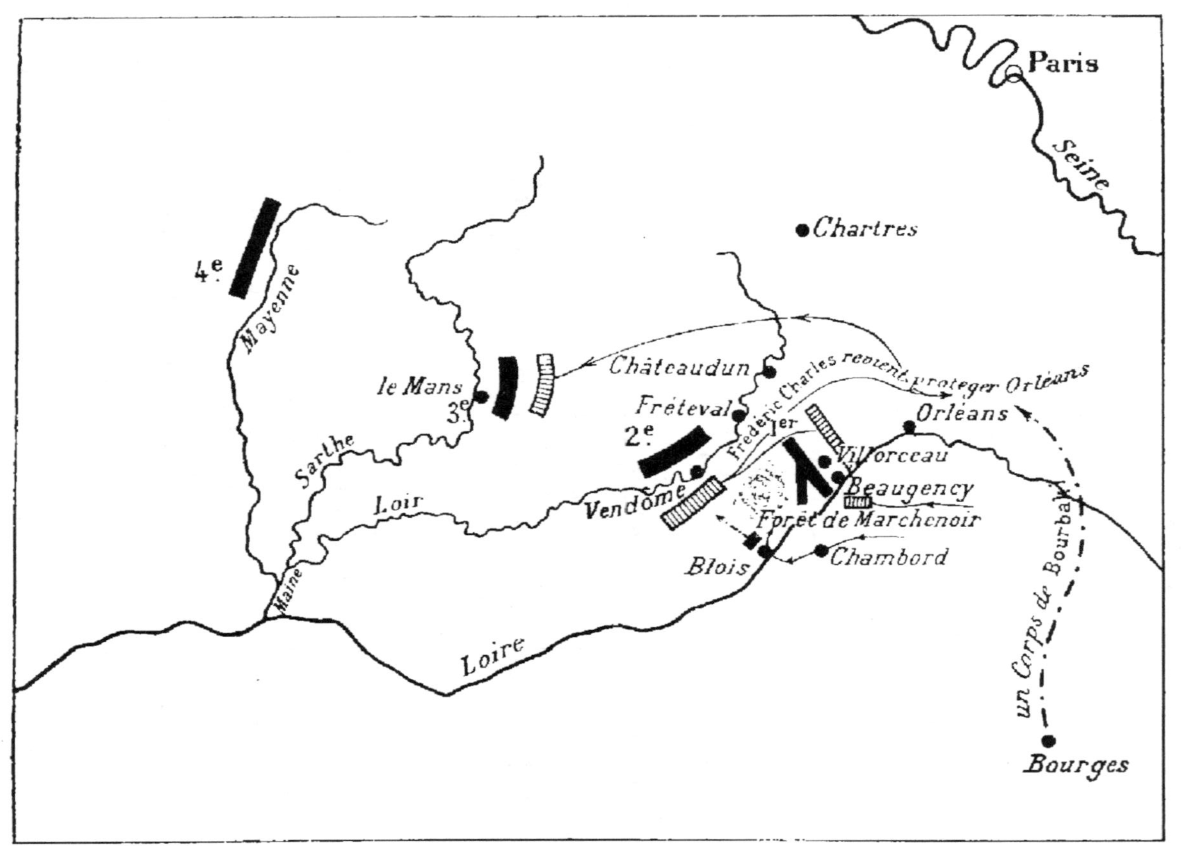

Paris
Seine
Chartres
Mayenne
4e.
le Mans
3e.
Sarthe
Loir
Maine
Loire
Châteaudun
Fréteval
2e.
Vendôme
Frédéric Charles revient protéger Orléans
Ier
Orléans
Villorceau
Beaugency
Forêt de Marchenoir
Blois
Chambord
un Corps de Bourbaki
Bourges

OPÉRATIONS DE CHANZY.

**1°
Beaugency.**

La 2ᵉ armée de la Loire se reforme dans la forêt de Marchenoir.

Et livre au grand-duc la bataille de *Beaugency*, où elle résiste quatre jours. Le deuxième jour, une division allemande la prenant d'enfilade l'avait forcée à changer de position. Enfin, un corps allemand la tourne par Blois et l'oblige à se retirer sur le Loir.

**2°
Vendome.**

Chanzy, résistant pied à pied aux Allemands, occupe une série de positions successives sur tous les affluents du Maine.

Bataille de *Vendome*, sur le Loir (deux jours).

Pendant ce temps, Bourbaki fait une démonstration sur Orléans. Frédéric-Charles abandonne alors Chanzy et accourt à Orléans. (Marche du IXᵉ corps allemand. 83 kilomètres en 33 heures.)

**3°
Le Mans.**

Chanzy, après Vendome, se retire sur Le Mans qu'il organise.

Après le départ de Bourbaki dans l'Est, Frédéric-Charles vient le chasser du *Mans*, après trois jours de bataille.

**4°
La Mayenne.**

Chanzy se retire sur la Mayenne, s'y renforce à 150,000 hommes et se prépare à recommencer lorsque, à la chute de Paris, l'armistice est signé. (28 janvier.)

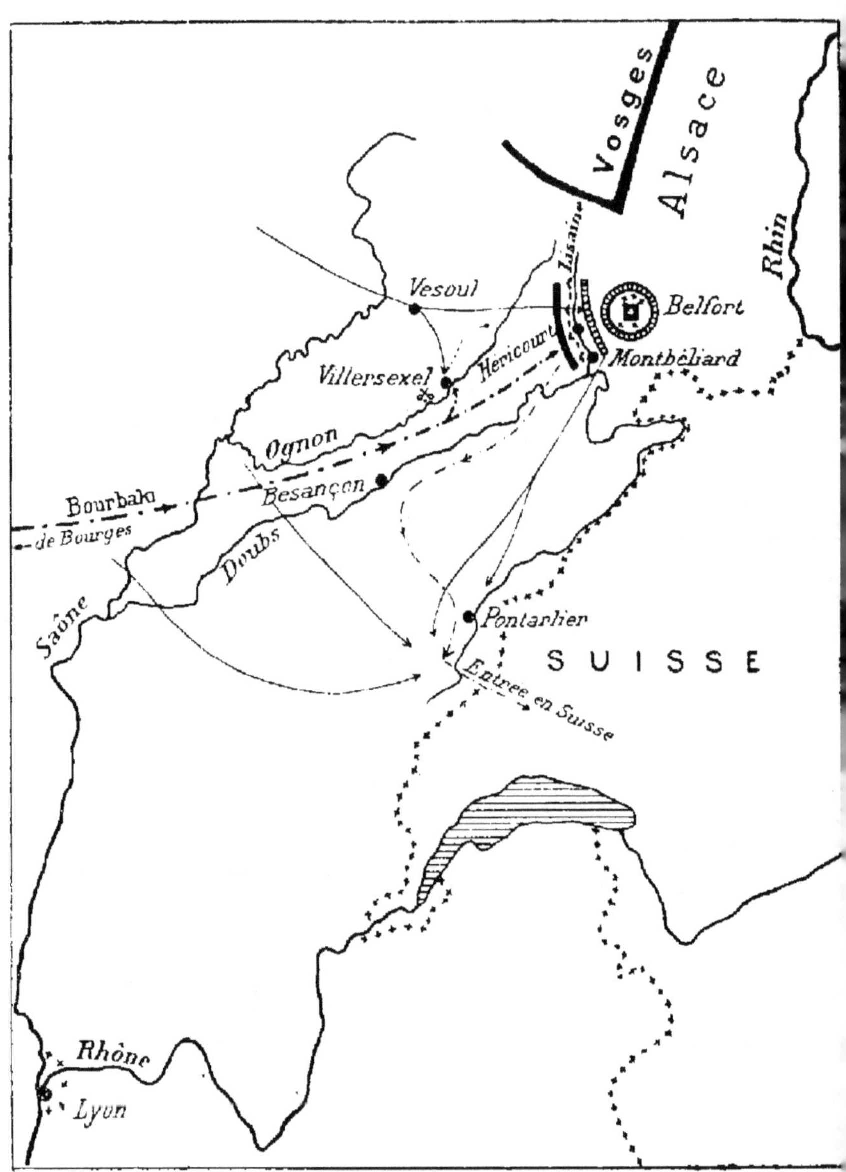

Vosges
Alsace
Rhin
Vesoul
Jusain
Belfort
Villersexel
Héricourt
Montbéliard
Ognon
Bourbaki
Besançon
de Bourges
Doubs
Saône
Pontarlier
SUISSE
Entrée en Suisse
Rhône
Lyon

OPÉRATIONS DE BOURBAKI.

Bourbaki (Bourges), après une petite démonstration sur Orléans, reçoit l'ordre de marcher sur Belfort, pour entrer ensuite en Alsace et couper les communications des armées allemandes.

Transport très lent des quatre corps (15e, 18e, 20e et 24e) en chemin de fer à une voie, sur la Saône.

Les Allemands détachent deux corps qui exécutent, vers Belfort, une marche *parallèle* à la nôtre.

Villersexel. { Combat de flanc à **Villersexel**. Les Allemands, quoique battus, ont réussi à retarder notre marche.

Héricourt. { Nos troupes en désordre et épuisées perdent deux jours sur les Allemands, qui nous devancent sur les lignes de la Lisaine et les organisent très fortement. Bataille de *HÉRICOURT*.

Passage en **Suisse.** { Retraite pénible à travers le Jura pour gagner Lyon. Deux nouveaux corps allemands arrivent sur nos flancs. Jules Favre signe l'armistice et oublie d'avertir l'armée de l'Est qu'elle en est exceptée! *Clinchant* (successeur de Bourbaki) s'arrête; les Allemands l'entourent. Force nous est de nous réfugier en Suisse.

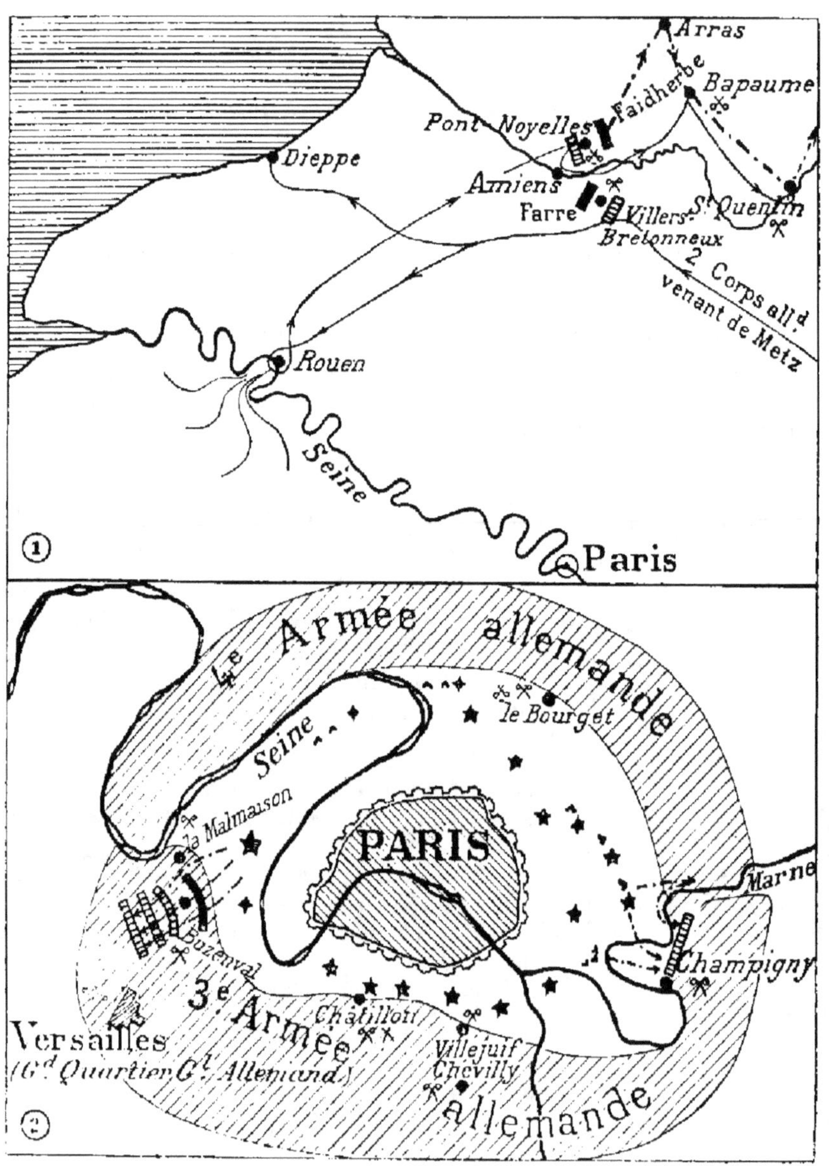
Arras
Faidherbe
Bapaume
Pont-Noyelles
Dieppe
Amiens
Farre
Villers-Bretonneux
St Quentin
2 Corps all.d
venant de Metz
Rouen
Seine
Paris
1
4e Armée allemande
Seine
le Bourget
la Malmaison
PARIS
Marne
Buzenval
Champigny
3e Armée
Chatillon
Versailles
(Gd Quartier Gl Allemand)
Villejuif
Chevilly
allemande
2

OPÉRATIONS DANS LE NORD.

Deux corps allemands arrivent de Metz après la capitulation et chassent d'Amiens les faibles forces que le général Farre avait organisées dans le Nord. (Bataille de *Villers-Bretonneux*.)

Puis ils marchent sur Rouen qu'ils prennent ainsi que Dieppe.

Faidherbe, avec de nouvelles troupes, parvient à les battre à **Pont-Noyelles.**

Nos troupes fatiguées se reforment à Arras, puis veulent marcher sur Paris.

Elles repoussent les Allemands à **Bapaume.**

Mais ne peuvent franchir *Saint-Quentin.*

Armistice.

SIÈGE DE PARIS.

Après Sedan (2 septembre), les IIIe et IVe armées allemandes marchent sur Paris.

Rencontres à *Chatillon, Villejuif, Chevilly.* Nous sommes investis.

Dans Paris deux corps de nouvelle formation (13e, Vinoy ; 14e, Ducrot) contre huit corps allemands, qui croient à quinze jours de siège. Il va durer quatre mois et demi !

En *octobre.* — Prise et perte du *Bourget.*

En *novembre.* — Combat de la *Malmaison.*

En *décembre.* — 1° Sortie de *CHAMPIGNY.* Une crue de la Marne nous retarde d'une journée, ce qui permet aux Allemands de se renforcer en face de nous. — Le général d'Exéa, au lieu d'exécuter le mouvement tournant prescrit, commet la faute d'accourir au canon :

2° Attaque du *Bourget;*

3° Le 31, profitant de ce qu'ils ont pu, par le plateau de Chatillon, se rapprocher de l'enceinte de Paris, les Allemands commencent avec 375 pièces le *bombardement* (21 jours).

En *janvier.* — Le 11, le roi de Prusse se fait proclamer empereur d'Allemagne à Versailles.

Le 19, sortie de *BUZENVAL* pour se joindre à Chanzy. Les Allemands ont trois lignes de retranchements successives. Nous formons trois colonnes. Celle de Ducrot, arrivée en retard, empêche la simultanéité des efforts. Nous enlevons les deux premières lignes, mais nous sommes trop épuisés pour traverser la troisième.

Armistice le 28 janvier. Les Prussiens entrent dans Paris.

Traité de *FRANCFORT.* (1871.)	{ Nous payons 5 *milliards.* { Nous perdons l'*Alsace* et la moitié de la *Lorraine.* { Nous reconnaissons la création de l'*empire d'Allemagne.*

RUSSIE
Braïla
ROUMANIE
Bucharest
Nicopolis
Danube
Mur de Trajan
Widdin
Routchouk
Sistowa
MER
Plewna
Gourko
Balkans
Sophia
NOIRE
Col de la
Schipka
Philippopoli
ROUMELIE
Andrinople
Constantinople
San Stéphano
M. DE MARMARA

Guerre Russo-Turque.

(1877-1878)

Causes ......
{ Le Sultan maltraite ses sujets chrétiens.
La Russie (qui a toujours rêvé secrètement la conquête de Constantinople) prend leur défense.

En Turquie.

Forces........
{ Czar et *grand-duc Nicolas*.
Russie, 7 corps d'armée (230,000 hommes).
Roumanie, 2 corps d'armée (60,000 hommes).
} contre {
Abdul-Kérim.
Turquie, en 7 groupes (180,000 hommes).

**1°
Offensive
russe**.
(Opérations de
Gourko.)
{ La Russie ayant envahi le territoire roumain, la Turquie bombarde les places roumaines du Danube. La Roumanie, neutre au début, se range du côté des Russes.
Le corps russe de gauche envahit la Dobruska.
Le gros de l'armée russe concentré traverse le Danube que les Turcs, éparpillés, ne peuvent défendre.
Gourko, dans une très belle manœuvre, s'empare du col de **Schipka**, par les deux extrémités à la fois.
Pendant ce temps un corps russe s'empare de **Routchouk**.
Un autre bat les Turcs à **Nicopolis** et marche sur Plewna.

**2°
Siége
de Plewna
et
offensive
turque.**

> Les Russes (7,000 h.) se battent à *Plewna* contre des forces très supérieures. (*Osman-Pacha*, 25,000 h.)
> Osman-Pacha fortifie très solidement Plewna.
> Renforcés, les Russes échouent une deuxième fois devant *Plewna*.
> Les Turcs construisent une triple enceinte de redoutes.
> Contre-attaque des Turcs qui sont refoulés.
> Les Russes, renforcés à 90,000 hommes font une attaque générale contre *Plewna*, et sont repoussés avec de grosses pertes.
> Osman-Pacha, à bout de ressources, tente une grande sortie ; mais ses 40,000 hommes sont cernés par 150,000 Russes. Capitulation de **Plewna** (après cinq mois d'efforts).
> Pendant le siège de Plewna, *Soleyman*, successeur d'Abdul-Kérim, profitant de ce que presque toutes les forces russes se massent autour de Plewna, passe les Balkans et reprend *RoutchouK*.
> Mais à la chute de Plewna il regagne les Balkans.

**3°
Offensive
russe.**

> Les Russes traversent brillamment les **Balkans** en trois endroits, en prenant presque toutes les troupes qui les défendent.
> Gourko prend **Philippopoli**, où les Turcs abandonnent presque toute leur artillerie.
> Les Turcs s'établissent en force à Andrinople, mais à l'approche des Russes s'enfuient à Constantinople.

En Arménie.

Forces. { Lorris Mélikoff (90,000 Russes), } contre { Mouktar-Pacha (70,000 Turcs).

Les Russes se portent par quatre routes convergentes sur Erzeroum.

Les Turcs, établis à la bifurcation, battent séparément trois colonnes russes à *Zewin*, etc.

Puis prennent l'offensive, mais se font écraser à l'**Aladjadagh,** au **Soganlydagh** et au **Dévéboyun.**

Les Russes assiègent Kars, Erzeroum. Batoum. — **Kars** se rend.

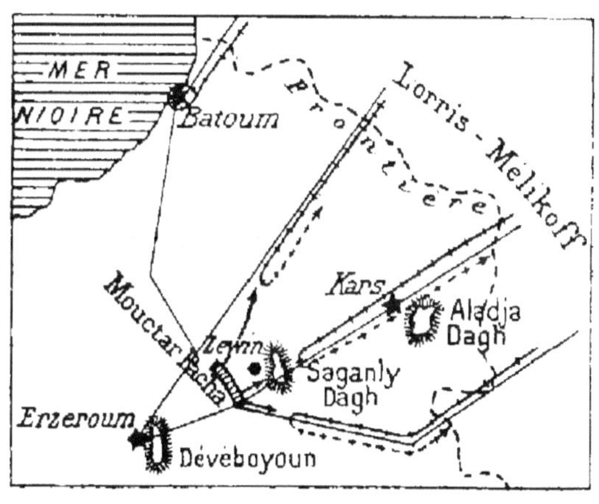

Armistice d'Andrinople (31 janvier 1878). — Les Russes s'établissent à 50 kilomètres de Constantinople.

Devant l'intervention de l'Angleterre, le grand-duc Nicolas reprend les armes et arrive à San-Stephano, aux portes de Constantinople.

Préliminaires et traité de *SAN-STEPHANO* (3 mars 1878).

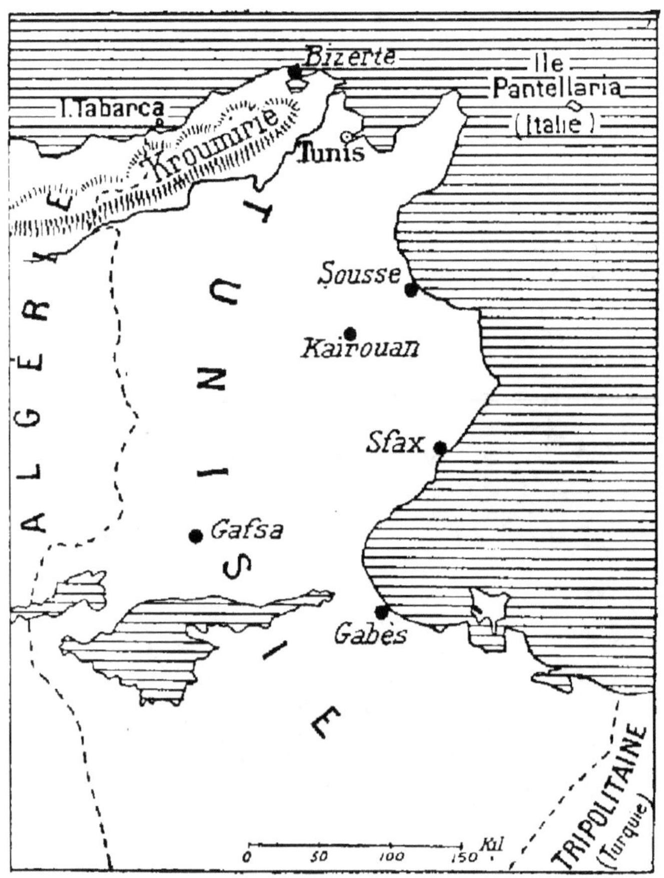
Bizerte
Ile
Pantellaria
(Italie)
I.Tabarca
Kroumirie
Tunis
ALGÉRIE
TUNISIE
Sousse
Kaïrouan
Sfax
Gafsa
Gabès
TRIPOLITAINE
(Turquie)
Kil
0   50   100   150

Expéditions de Tunisie.

(1881)

Cause .... La France, qui depuis longtemps convoitait la Tunisie (région fertile et dotée d'excellents ports, prolongement naturel de l'Algérie), profite d'actes de brigandage commis en Algérie, par la peuplade belliqueuse des Kroumirs, pour entrer en Tunisie.

**1re Expédition.
Avril, mai 1881.
(*Forgemol*.)**

Le général Forgemol, avec trois divisions (23,000 h. contre 12,000 Kroumirs et quelques peuplades soulevées), occupe les montagnes des Kroumirs.

Le vice-amiral *Conrad* débarque à Tabarca.

Les Kroumirs cernés se dispersent.

Une brigade (général *Bréart*) débarque à Bizerte et entre à **Tunis**.

Le bey de Tunis accepte le protectorat de la France au traité du *BARDO*.

**2e Expédition.
Juillet 1881.
(*Saussier*.)**

La Turquie, qui n'a pas osé entrer directement en lutte avec nous, excite la population contre nous aussitôt après le départ de nos flottes.

Bombardement et prise de **Sfax**.

Une colonne débarquée à **Gabès** isole la Tunisie de la Tripolitaine.

Le général Saussier conduit trois colonnes (37.000 h.) concentriquement sur **Kairouan**, centre de l'insurrection.

Nos colonnes parcourent le pays en tout sens.

Les tribus insurgées se réfugient en Tripolitaine, mais bientôt rentrent faire leur soumission.

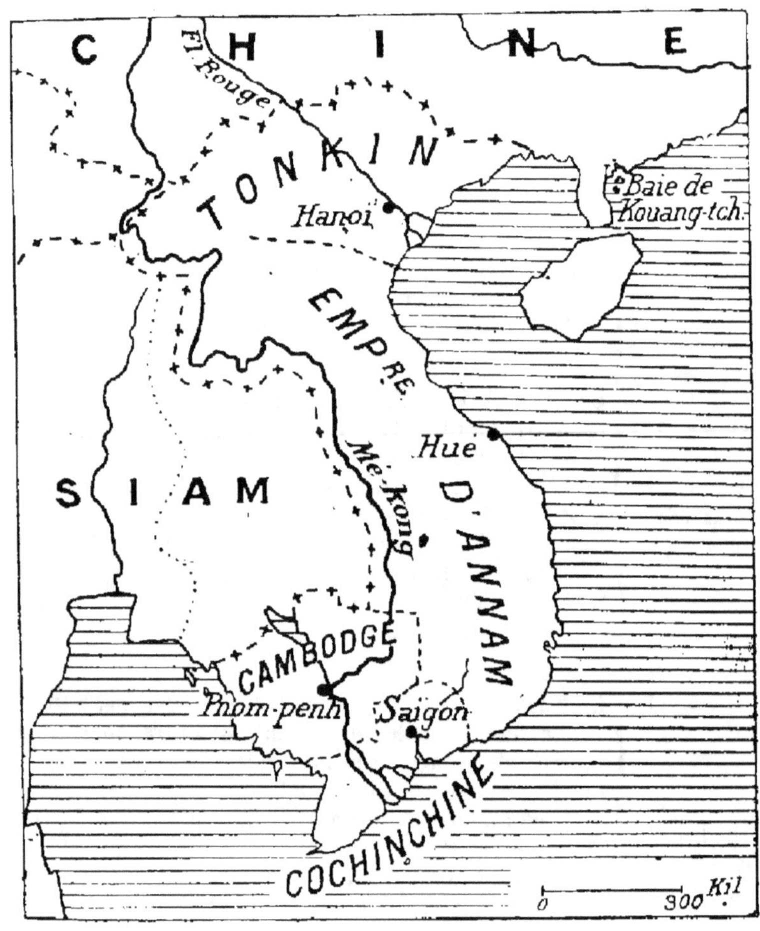
CHINE
Fl. Rouge
TONKIN
Hanoi
Baie de
Kouang-tch.
EMPIRE
SIAM
Mé-kong
Hue
D'ANNAM
CAMBODGE
Phnom-penh
Saïgon
COCHINCHINE
0 300 Kil.

Conquête du Tonkin.

(1883-1885)

Débuts.........
> 1872. L'explorateur *Dupuis* signale le parti que la France pourrait tirer de la possession du Tonkin, province annamite contiguë à la riche province chinoise du Yunan.
>
> 1873. Le lieutenant de vaisseau *Garnier* (200 h.) conquiert brillamment le **Delta**, mais est massacré par les Pavillons noirs soulevés par l'Annam.
>
> 1874. La France renonce à la conquête du Tonkin, exigeant seulement le libre parcours du fleuve Rouge assuré par des postes à Hanoï et Haïphong.

Protectorat de l'**Annam**. (1882-83.)
> Le poste d'Hanoï est attaqué par les Pavillons noirs.
>
> Le capitaine de frégate *Rivière*, chargé de les repousser avec 1000 hommes, est tué dans une embuscade devant **Hanoï**.
>
> Le général *Bouet* avec 35,000 hommes occupe le **Delta**.
>
> L'empereur d'Annam étant mort, la France décide de s'établir à Hué (capitale), afin de faire cesser les manœuvres hostiles de ce pays. Traité de protectorat imposé à l'*ANNAM*.

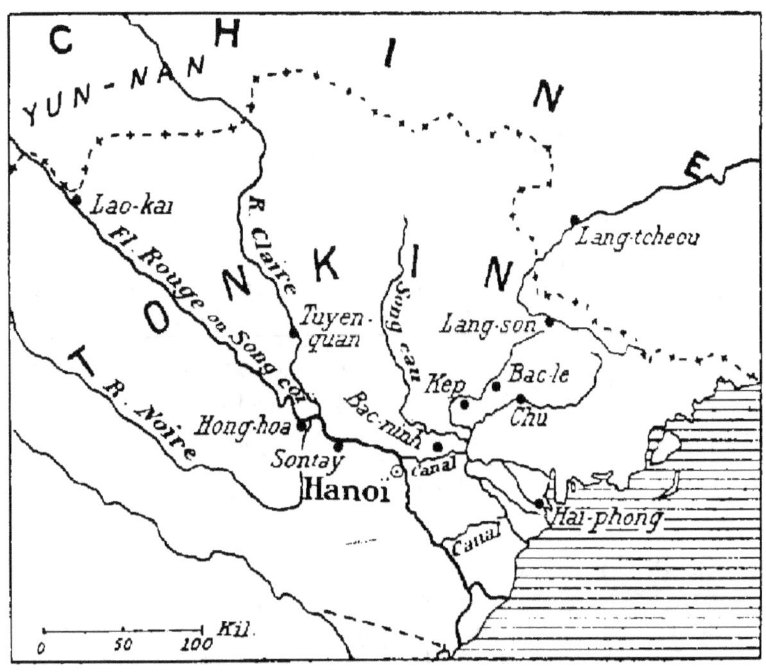
CHINE
YUN-NAN
TONKIN
Lao-kai
Fl. Rouge ou Song coï
R. Claire
R. Noire
Tuyen-quan
Song cau
Lang-tcheou
Lang-son
Hong-hoa
Bac-ninh
Bac-le
Kep
Chu
Sontay
Canal
Hanoï
Canal
Hai-phong
Kil.
0   50   100

Intervention de la Chine. (1883-84.)

La Chine, redoutant notre voisinage, soutient les Pavillons noirs.

L'amiral *Courbet* (9,000 hommes) enlève **Sontay** aux Pavillons noirs.

La Chine nous ayant officiellement déclaré la guerre, on envoit le général *Millot* (16,000 hommes).

De Négrier prend **Bac-ninh** par un coup d'audace.

Le lieutenant-colonel *Duchesne* prend **Hong-hoa** et **Tuyen-quan.**

Convention de *TIEN-TSIN*. Retrait des troupes chinoises du Tonkin.

2ᵉ partie des opérations contre la Chine. (1885.)

Violant cette convention, les Chinois surprennent une colonne à *Bac-le*.

La France les punit en bombardant **Fou-tcheou** et diverses autres villes chinoises.

Le général *Brière de l'Isle* marche en trois colonnes sur **Lang-son**, qu'il occupe après plusieurs combats acharnés.

Puis il détache le général *Giovanninelli* pour débloquer à **Tuyen-quan** le commandant *Dominé* qui, depuis deux mois, résiste avec 500 hommes contre les 15,000 Chinois qui l'assiègent.

De Négrier, laissé à *Lang-son*, est blessé pendant une attaque des Chinois; le lieutenant-colonel *Herbinger* ordonne la retraite.

La Chine traite de nouveau, promettant de nous laisser libres au Tonkin, reconnaissant notre protectorat sur l'Annam et ouvrant ses frontières à notre commerce.

Depuis cette époque, nos troupes, dispersées en nombreux postes et détachements, pour l'occupation du Tonkin, ont eu à lutter fréquemment contre des bandes de pirates.

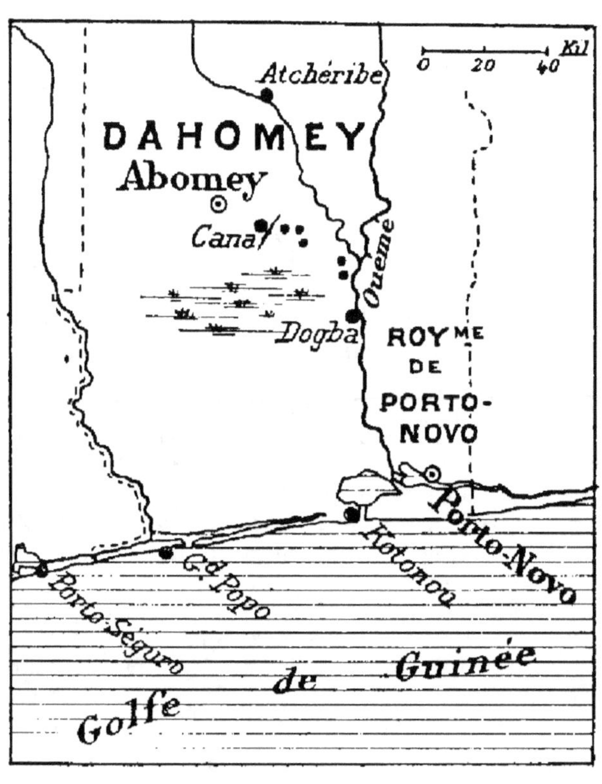

Kil
0 20 40
Atchéribe
DAHOMEY
Abomey
Canal
Oueme
Dogba
ROY^me DE PORTO-NOVO
Porto-Novo
Kotonou
Gd Popo
Porto-Seguro
Golfe de Guinée

Conquête du Dahomey.

(1890-1894)

Causes. . . . .
La France avait sur la côte les ports de Kotonou, Grand-Popo, Porto-Seguro et Agoué.

Mais, en 1887, les rois de Dahomey Gléglé, puis son successeur Behanzin, refusant de reconnaître nos droits, nous attaquent à Porto-Novo et Kotonou.

1re Phase.
(1890-91.)
La France bloque la côte du Dahomey.

Behanzin consent à reconnaître notre protectorat sur le royaume de Porto-Novo et sur Kotonou en échange d'une rente de 20,000 francs.

1re Expédition.
(1892.)
Mais en 1892, il reprend les hostilités.

Un corps expéditionnaire (3,500 hommes), avec le général *Dodds*, débarque à Porto-Novo.

Il remonte l'Ouémé par la rive gauche évitant ainsi les marais du Dahomey.

Il repousse une attaque à **Dogba,** puis traverse l'Ouémé à l'est de la capitale.

Il enlève brillamment plusieurs lignes fortifiées, mais est arrêté par celle de **Cana.**

Après l'arrivée de renforts, Dodds tourne et prend **Cana,** la ville sainte.

Puis il entre à **Abomey.**

2e Expédition.
(1893-94.)
Behanzin parlemente, mais sans cesser les hostilités.

Dodds organise une seconde expédition, remonte de nouveau, malgré des inondations exceptionnelles, la rive gauche de l'Ouémé.

Il concentre ses colonnes sur **Atchéribé,** où Behanzin, cerné, abandonne ses canons et 800 fusils.

Poursuivi énergiquement, il finit par se livrer au général Dodds.

La France prononce le *PROTECTORAT DU DAHOMEY.*

7

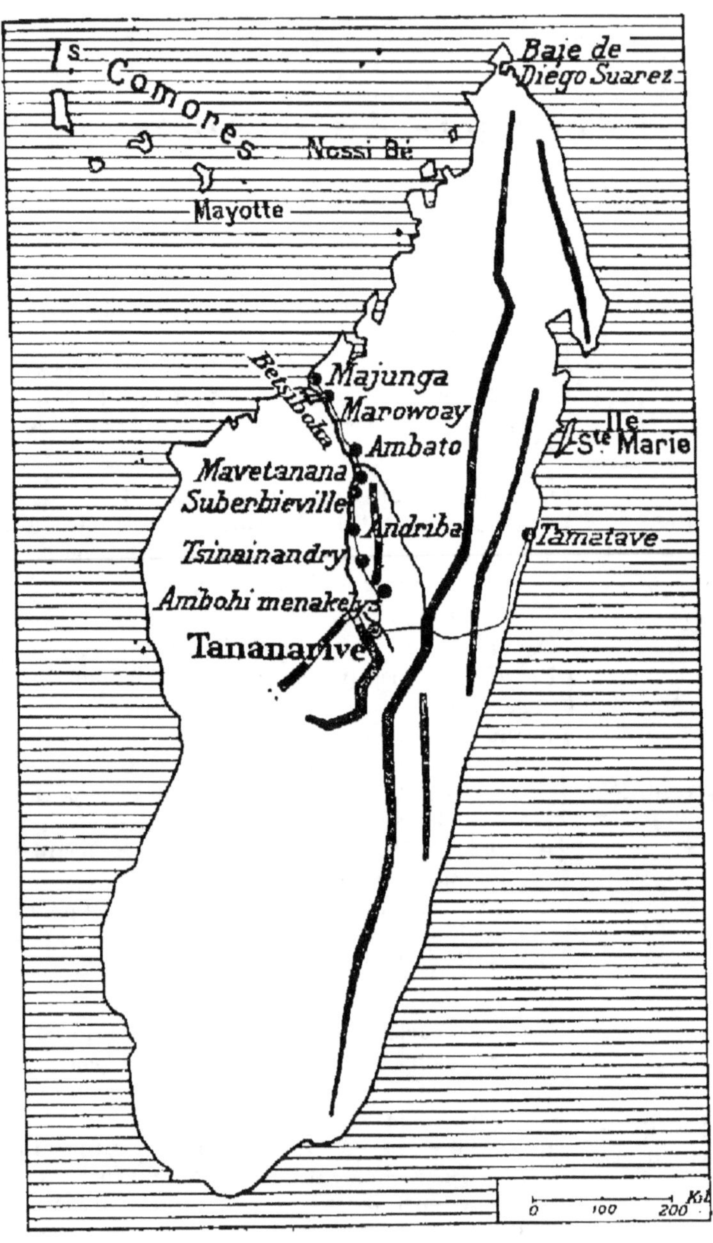
Is Comores
Baie de
Diego Suarez
Nossi Bé
Mayotte
Betsiboka
Majunga
Marowoay
Ambato
Mavetanana
Suberbieville
Andriba
Tsinainandry
Ambohi menakely
Tamatave
Ile Ste Marie
Tananarive
0   100   200   Kil.

Conquête de Madagascar.

(1883-1895)

Causes. . . . .
{ Les Français ont pris pied dans l'ile depuis 1638.
Divers traités nous donnent des droits sur Madagascar.
Mais les Hovas n'observent pas les clauses de ces traités.

Expédition
de 1883-85.
{ Le contre-amiral *Pierre* occupe **Majunga** et **Tamatave.**
L'amiral *Miot* détruit ou occupe les principaux postes hovas des côtes.
Les Hovas traitent de nouveau et l'Angleterre reconnait notre protectorat.

Expédition
de 1895.
{ Les Hovas ayant violé les nouveaux traités, une expédition est décidée.
Le général *Duchesne* (15,000 hommes) débarque à Majunga et marche sur Tananarive, tout en construisant une route pour les voitures.
Combats de **Marowoay, Ambato, Mavetanana.**
La base d'opération est successivement organisée à Majunga, Superbieville et Andriba.
La construction de la route devenant trop difficile à partir de ce point, Duchesne organise une colonne mobile de 5,000 hommes, emportant vingt-deux jours de vivres.
Combats de **Tsinainandry** et **Ambohimenakelys.**
Entrée à **Tananarive** le 30 septembre.
La reine Ranavalo accepte notre *PROTECTORAT.*

Le général Galliéni achève de pacifier, d'organiser et de fertiliser l'ile. La reine ayant fomenté une insurrection est exilée.

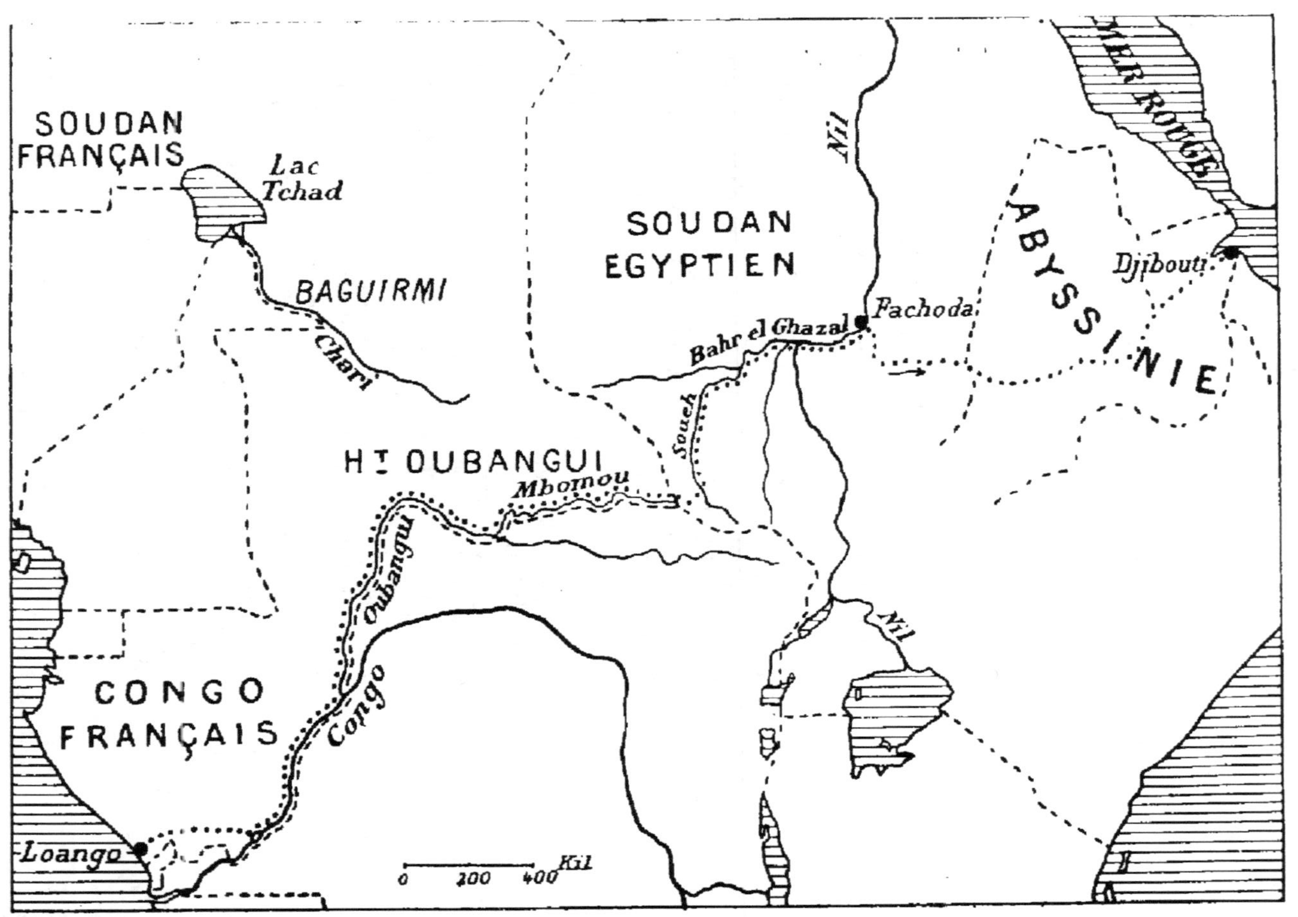
SOUDAN FRANÇAIS
Lac Tchad
BAGUIRMI
Chari
SOUDAN EGYPTIEN
Nil
MER ROUGE
ABYSSINIE
Djibouti
Fachoda
Bahr el Ghazal
Souéh
HT OUBANGUI
Mbomou
Oubangui
Congo
CONGO FRANÇAIS
Nil
Loango
0 200 400 Kil

Mission Congo-Nil.

Continuant l'œuvre de la trop faible mission *Liotard*, la mission *Congo-Nil*, commandant *Marchand* (12 officiers et sous-officiers, 200 tirailleurs sénégalais), organisée en 1896, avait pour but d'étendre notre influence sur le Bahr-el-Gazal et de réunir nos provinces du Congo à Djibouti.

Après trois années d'efforts surhumains, la mission, ayant traversé toute l'Afrique centrale et pacifié la riche région du Bahr-el-Gazal, plante à **Fachoda**, sur le Nil, le drapeau français (10 juillet 1898).

Mais le général Kitchener, parti d'Egypte avec une armée anglaise de 12,000 hommes, après avoir pacifié le Soudan égyptien, arrive devant Fachoda et, en vertu de la loi du plus fort, somme Marchand de lui abandonner ce point important.

Tous deux en appellent à leur gouvernement.

Par la convention franco-anglaise de mars 1899, la France cède le Bahr-el-Gazal et Fachoda à l'Angleterre, qui nous reconnaît toutefois le *BAGUIRMI* et le *HAUT OUBANGUI*, régions qui relient nos possessions du Soudan et du Congo.

Conquête du Soudan.

**Causes et début.
(1879-87.)**

La France qui possède en Afrique, l'Algérie, le Sénégal, le Congo français, etc., cherche à étendre son influence civilisatrice et commerciale vers les immenses régions de la boucle du Niger, et à établir des communications entre ses possessions.

En 1879, le général *Faidherbe* protège la construction d'un chemin de fer qui, de Kayes, doit aboutir au Niger.

Nos principaux adversaires sont *Ahmadou*, sultan de Ségou, et *Samory* qui, avec une immense bande de Sofas, vit de la traite des nègres, de pillage et de massacre, tenant les populations par la terreur.

De 1882 à 1886 plusieurs colonnes poursuivent Samory qui signe un traité laissant à la France la rive gauche du Niger.

Le colonel *Galliéni* met les Etats d'Ahmadou sous notre protectorat.

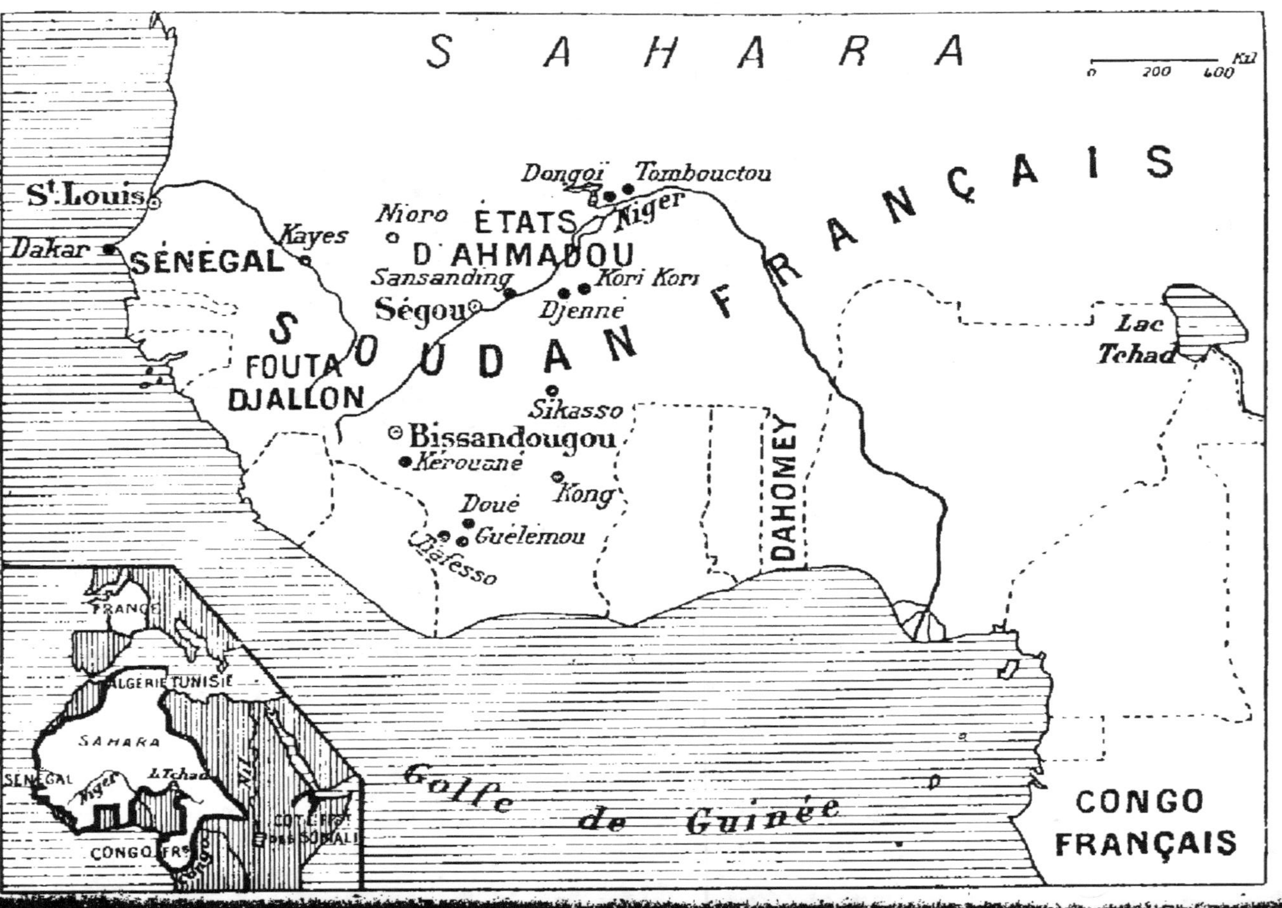
SAHARA
Kil.
0 200 400
SOUDAN FRANÇAIS
St Louis
Dakar
Kayes
SÉNÉGAL
Nioro
ÉTATS D'AHMADOU
Dongoï Tombouctou
Niger
Sansanding Kori Kori
Ségou Djenne
FOUTA DJALLON
Sikasso
Bissandougou
Kérouane
Kong
Doué
Guelemou
Bafesso
DAHOMEY
Lac Tchad
Golfe de Guinée
CONGO FRANÇAIS
FRANCE
ALGÉRIE TUNISIE
SAHARA
SÉNÉGAL Niger L.Tchad
CÔTE Frse DES SOMALI
CONGO Frs

Le capitaine *Binger* explore la boucle du Niger.

Ahmadou et Samory recommencent les hostilités (1891).

Le colonel *Archinard* prend **Ségou** et **Nioro.**

Ahmadou est chassé de ses États ; Samory traite de nouveau.

Lutte contre Ahmadou et Samory. (1891-95.)

Mais il recommence bientôt la lutte.

Poursuivi, il fuit constamment en dévastant tout ; les nombreux cadavres en putréfaction semés derrière lui rendent la poursuite presque impossible.

Il est cependant atteint plusieurs fois ; **Bissandougou** est occupé ; ses magasins et bagages sont pris à **Kérouané.**

Ahmadou reparaît et soulève les populations.

Le commandant *Bonnier* l'écrase à **Sansanding** et étouffe la révolte.

Le colonel *Combe*, dans une suite admirable de combats, prend 20,000 Sofas.

Ahmadou rentre dans ses États. Archinard prend **Ségou, Djenné,** et le bat à **Kori-Kori.**

Bonnier le chasse définitivement de ses États, pénètre à **Tombouctou,** mais est massacré par les Touaregs à *Dongoï* (1894).

Samory, réfugié à **Kong,** y est attaqué par le colonel *Monteil* (1895).

Prise de Samory. (1898.)

Le commandant *Caudrelier* dégage à **Kong** Demars et Méchet, qui y soutenaient un siège héroïque.

Le colonel *Audéoud* prend **SIKASSO,** réputé imprenable. (Grand effet moral.)

Samory est forcé de se réfugier vers l'ouest. Le commandant *de Lartigue* reçoit l'ordre de l'arrêter. Violent combat de **Doué.**

Le lieutenant *Wœlfel* lui coupe à **Tiafesso** le chemin du Sud et le rejette dans la forêt vierge.

Le capitaine *Gouraud* (250 tirailleurs), chargé de le poursuivre, parvient avec une habileté admirable à mettre la main sur sa personne au milieu d'un camp de 50,000 Sofas, sans tirer un coup de fusil, à **GUELEMOU.**

La **PRISE DE SAMORY** met fin aux hostilités, et va permettre au général *de Trentinian* de civiliser et exploiter le Soudan.

TABLE DES MATIÈRES

	Pages.
Avant-propos	VII
Règne de Louis XIV	1
Règne de Louis XV	7
Règne de Louis XVI	9
Tableau d'ensemble des campagnes de la Révolution et de l'Empire	10
Campagnes de la Révolution	13
1re Campagne d'Italie	15
Égypte	19
2e Campagne d'Italie	23
Campagne de 1805	28
Campagnes de 1806-1807	33
Campagne de 1809	37
Campagnes d'Espagne et de Portugal	41
Campagne de Russie	45
Campagne d'Allemagne	49
Campagne de France	51
Campagne de 1815	54
Conquête de l'Algérie	57
Guerre de Crimée	61
Campagne d'Italie	63

Pages.

Expédition d'Espagne. 66

Expédition de Rome. 66

Expéditions de Chine et de Cochinchine 67

Expédition du Mexique 68

Guerre de Danemark 69

Guerre de la Prusse contre l'Autriche. 69

Guerre de 1870-71 73

Guerre Russo-Turque. 87

Expéditions de Tunisie 91

Conquête du Tonkin 93

Conquête du Dahomey 97

Conquête de Madagascar. 99

Mission Congo-Nil 101

Conquête du Soudan. 101

Paris. — Imprimerie R. Chapelot et Cᵉ, 2, rue Christine.